CB138166

Mente saudável, vida serena

(Saúde e espiritualidade)

EDITORA EME

Solicite nosso catálogo completo, com mais de 500 títulos, onde você encontra as melhores opções do bom livro espírita: literatura infantojuvenil, contos, obras biográficas e de autoajuda, mensagens espirituais, romances, estudos doutrinários, obras básicas de Allan Kardec, e mais os esclarecedores cursos e estudos para aplicação no centro espírita - iniciação, mediunidade, reuniões mediúnicas, oratória, desobsessão, fluidos e passes.

E caso não encontre os nossos livros na livraria de sua preferência, solicite o endereço de nosso distribuidor mais próximo de você.

Edição e distribuição

EDITORA EME

Avenida Brigadeiro Faria Lima, 1080 - Vila Fátima
CEP 13369-040 - Capivari-SP
Telefones: (19) 3491-7000 | 3491-5449
Vivo (19) 9 9983-2575 | Claro (19) 9 9317-2800
vendas@editoraeme.com.br - www.editoraeme.com.br

/editoraeme @EditoraEme
@editoraeme editoraemeoficial

RODRIGUES DE CAMARGO

Mente saudável, vida serena

(Saúde e espiritualidade)

Capivari-SP
– 2023–

A Editora EME mantém o Centro Espírita "Mensagem de Esperança" e patrocina, junto com outras empresas, instituições de atendimento social de Capivari-SP.

1ª edição - Fevereiro /2023 - 3.000 exemplares

CAPA E DIAGRAMAÇÃO: André Stenico
REVISÃO | Izabel Braghero
| Matheus Rodrigues de Camargo

Ficha catalográfica
Camargo, Rodrigues de (1952)

Mente saudável, vida serena / Rodrigues de Camargo - 1ª ed. fev. 2023

176 pág.

ISBN 978-65-5543-088-2
1. Espiritismo 2.Artigos e histórias espíritas e de Jesus
3. Textos motivacionais I. TÍTULO.

CDD 133.9

Sumário

Prefácio

CONHECI O AMIGO autor quando ele, gentilmente, abriu as portas da Editora EME para a publicação dos meus livros. Nesses anos de contato, aprendi a admirá-lo e respeitá-lo como pessoa e como dedicado trabalhador espírita.

Com o objetivo de divulgar o espiritismo através do livro, fundou e mantém a editora há 4 décadas, com muito esforço, trabalho e investimentos pessoais. Nesse aspecto, destaco que ele procura cada vez mais guardar a qualidade espírita, inclusive recusando-se a publicar textos que não sejam adequados. A EME é a segunda editora com mais títulos espíritas, atrás apenas da Federação Espírita Brasileira.

Além do cuidado com a família, do trabalho na editora e de suas atividades no centro espírita, Arnaldo é um homem de obras sociais e vinculado especialmente ao serviço de amparo e orientação às pessoas envolvidas com as drogas em geral.

Também passou a escrever para o movimento espírita textos relevantes, aproveitando inclusive as possibilidades das mídias sociais.

Bom ver um companheiro persistir no trabalho no bem, mesmo diante das grandes dificuldades enfrentadas, quando muitos ficaram pelo caminho.

Agora temos a alegria de saber que ele nos apresenta este livro no qual reúne textos instrutivos e agradáveis falando de Chico Xavier, Jesus e Deus, convidando-nos a viver cada vez mais a espiritualidade interior.

E o momento é oportuno, considerando os tempos tumultuados e aflitivos que estamos vivendo no planeta, afetando todos, mesmo os mais fortes e confiantes.

O nosso irmão Rodrigues de Camargo nos traz lições e experiências vividas por Francisco Cândido Xavier, o médium mais preparado que conhecemos, pessoa simples, humilde e bondosa ao extremo, para que possamos ter nele um exemplo próximo do que é possível a todos conquistar.

Mas segue adiante falando de Jesus, porquanto este é o melhor modelo e guia que Deus ofereceu à felicidade das criaturas. De fato, o Cristo é o nosso caminho para a verdade e a vida, e seus ensinamentos representam exatamente o roteiro de luz para todos que aqui nos debatemos, se quisermos nos libertar do egoísmo e do orgulho que atravancam o nosso progresso.

Seguindo com Jesus e vivendo os seus ensinamentos, à luz da verdade que o espiritismo nos apresenta, conseguiremos manter a mente equilibrada e saudável, livre de traumas e culpas, garantindo-nos melhores condições para uma vida serena e feliz, desde agora.

Leia e confira.

Muita paz.

Donizete Pinheiro

Chico Xavier

Chico Xavier de acordo com Jesus e Kardec

FRANCISCO CÂNDIDO XAVIER (02/04/1910-30/06/2002), nosso Chico Xavier, viveu uma existência simples, porém iluminada, principalmente para nós que apreciamos as belezas e ensinamentos de suas páginas psicografadas.

Nascendo numa pequena cidade do interior mineiro, teve existência sofrida com a partida antecipada da mãe, e depois da madrasta, mas desde a infância foi abençoado pela assistência e comunhão direta com os espíritos bons.

Jovem ainda, conheceu o espiritismo. Surgiu-lhe a presença austera e segura de seu mentor Emmanuel, que o acompanhou no desenvolvimento de sua faculdade mediúnica de psicografia, vidência e audição.

Recebeu apoio dos amigos espíritas e também foi perseguido por aqueles que não acreditavam em suas mensagens, mas jamais destratou qualquer pessoa, demonstrando sempre compreensão, recebendo a todos com o mesmo carinho.

Viveu de forma modesta em uma casa humilde, e não acumulou nenhum patrimônio, dependendo apenas de sua pequena aposentadoria e cedendo todos os seus direitos autorais em favor da unificação do espiritismo no Brasil.

Sua produção no campo da mediunidade escrita passou as fronteiras e é apreciada hoje no mundo todo, porque sua obra tem abordagem no campo da literatura, da filosofia, da religião, da história e da ciência, da ética e da espiritualidade.

Decorridos já mais de dez anos de seu retorno à vida espiritual, sua obra recebeu apoio e depoimentos de imortais da Academia Brasileira de Letras, de especialistas da caligrafia e de juristas, sendo aceita inclusive em processo penal que libertou pessoas envolvidas acusadas criminalmente. Temos que destacar que, mesmo em vida, com mais de 70 anos de mediunidade, ou agora, desencarnado, jamais suas obras foram reprovadas, pois todas estão de acordo com os preceitos da codificação.

Por isso sempre aconselhamos: depois da iniciação ao espiritismo com as obras básicas, é necessário se debruçar sobre os mais de 500 livros escritos pela mediunidade de Chico Xavier, que ampliam os horizontes da vida espírita, com diversificação de temas, assuntos, espíritos-autores, e todos de acordo com Jesus e Kardec. Como disse o seu mentor, Emmanuel: "Se algum dia eu disser alguma coisa diferente de Jesus ou Kardec, me esqueça e fique com eles".

Chico Xavier e a faculdade da alma

Jovem morto por afogamento em Americana-SP se comunica em gíria com amigos e familiares.

CHICO XAVIER, NASCIDO no seio de uma família humilde, era filho de João Cândido Xavier, um modesto vendedor de bilhetes de loteria, e de Maria João de Deus, uma dona de casa católica e piedosa.

Segundo alguns biógrafos, a mediunidade de Chico teria se manifestado pela primeira vez aos quatro anos de idade, quando ele respondeu ao pai sobre ciências, durante conversa com uma senhora sobre gravidez. Ele dizia ver e ouvir os espíritos e conversar com eles.

No livro de Ramiro Gama, *Lindos casos de Chico Xavier*, a senhora Dayse conta-nos o que lhes sucedeu ao verem o Chico pela primeira vez, quando visitavam Belo Horizonte:

> – Tínhamos uma vontade imensa de conhecê-lo. Mas achamos isto tão impossível que nada tentamos para ir a Pedro Leopoldo. Mas, uma noite, às vésperas de regressarmos ao Rio, quando Lauro Pastor acabara sua conferência, finalizando a Semana do Livro Espírita, é que vimos o grande médium sentado junto aos que compunham a mesa da magnânima sessão. Quando tudo terminou, espontaneamente, vem ao nosso encontro o Chico, numa atitude tão simples e tão fraterna, como se nos conhecesse há anos. Olha para mim e pronuncia meu nome: D. Dayse. Delicadamente corrijo-lhe a pronúncia, verificando que nada sabe de inglês. E ele, natural e humildemente, justifica-se: "É que estou lendo seu nome como ele é escrito." Mais tarde, verificamos que, de fato, olhando as pessoas, lê seus nomes.

Na sessão do "Luiz Gonzaga" chegam irmãos que passaram anos sem vê-lo, e ele, Chico, lhes pronuncia os nomes, particulariza casos, como aconteceu com o cadete Ulisseia, a quem só viu uma vez. Decorridos três anos, quando o viu entre muitos, citou-lhe o nome, o que surpreendeu e encantou o jovem militar espírita.

Mas o fato relatado no livro *Jovens no Além* é mais surpreendente, com diversas mensagens do espírito Jair Presente, que desencarnou em Americana-SP, falando em gíria com o velho médium Chico Xavier, em cartas endereçadas aos seus familiares.

> Vocês não me veem, mas nunca fui Jair Presente como agora estou presente, apenas presente, para um abraço no rancho. Cumé quié, e o Sérgio? (...) Não me levem a mal se escrevi hoje um tanto adoidado; Deus é Pai de nós todos e sabe que as palavras são roupas do coração, e o coração está quente de carinho e gratidão a vocês e por vocês todos.

E falando sobre a vida espiritual e a morte na Terra confirmou:

> A vida está caminhando e o trem da mudança despeja caras e amizades aqui todos os dias. Desejo a todos vocês muita saúde e alegria, paz e vida longa; cultivemos o amor, aquele bom amor que melhora a gente, sem complicar ninguém, e queiram-me bem, que eu estou cada vez mais vidrado em vocês. Gama pura.

Tanto a família Presente como os amigos e estudantes da Unicamp reconheceram nas mensagens o jovem Jair Presente, que retornou da morte para dar seu recado pelo generoso médium Chico Xavier.

Chico Xavier e a lei de Deus

Toda caridade encontra início na gentileza.
Chico Xavier

NO BRASIL, O dia 19 de julho tornou-se oficialmente o *Dia da Caridade* por meio de uma lei de 1966. A comemoração da data tem o objetivo de conscientizar as pessoas sobre a prática e difusão da solidariedade, como um meio para desenvolver um bom entendimento entre todos os seres humanos. Isso pode se estender a todos os povos, não apenas ao nosso país.

O ato de ajudar as outras pessoas, para auxiliar no progresso da humanidade, também é de grande significação e uma das qualidades mais defendidas por diversas religiões, como por meio do mandamento que diz: "Amai-vos uns aos outros".

Esse é o princípio da caridade: amar e ajudar o próximo. Entre a fé, a esperança e a caridade, segundo o apóstolo Paulo de Tarso, a mais importante é a caridade.

Entre as atividades mais frequentes no *Dia da Caridade*, destaca-se a visita a lugares onde haja pobreza e necessidades, tanto materiais quanto de carinho e atenção. Asilos, hospitais, casas de misericórdia, abrigos, presídios, bairros carentes, moradores de rua são alguns exemplos de pessoas e espaços que carecem da caridade.

Chico Xavier afirma que:

> [...] pela evolução dos homens e do mundo, a paz do espírito, que parece individual, se revelará coletiva e universal. É importante sempre nos lembrarmos de que nada e ninguém nos poderá arredar do Esquema (Lei) de Deus.

E sabemos que o determinismo divino é pela perfeição, ou seja, pela felicidade de todos. Jesus, que é o príncipe e governador da Terra, diz: "Das ovelhas que meu Pai me confiou, nenhuma se perderá".

A imagem que vemos no espelho é da pessoa que podemos sempre melhorar: ela nos retrata por fora, mas nossos pensamentos, palavras e ações nos retratam por dentro.

Emmanuel diz:

> Tolera, construindo, todo o bem que puderes. Não exija dos outros dons que ainda te faltam. Erros nos companheiros poderiam ser nossos. Aceita as provações, por exames de fé. Trarás contigo a paz que fizeres aos outros. Temos sempre o que damos. Isso é a lei de Deus.[1]

1 Emmanuel (Chico Xavier) – *Tocando o barco* – Ideal.

Chico Xavier e a superação da mágoa

NÃO CANSO DE dizer que a produção literária de Chico Xavier, que nega ser de sua autoria e diz ser de autoria dos bons espíritos, será estudada nas escolas e universidades e apreciadas pelas demais religiões no futuro, porque ela está de acordo com os ensinamentos de Jesus.

Vivendo numa pequena cidade do interior mineiro, Chico teve existência sofrida, com a morte da mãe e depois da madrasta, tendo de auxiliar nos cuidados dos irmãos menores (eram ao todo quinze filhos dos dois casamentos do pai), mas desde cedo ele foi abençoado pela assistência e comunhão direta com os espíritos, que o instruíram no caminho da fraternidade.

Muito jovem, ainda, conheceu o espiritismo, aos 17 anos. Quatro anos depois, surgiu-lhe a presença austera e segura de seu mentor Emmanuel, que o acompanhou no desenvolvimento de sua faculdade mediúnica de psicografia, vidência e audição, passando orientações sábias para o discípulo: "Disciplina, disciplina e disciplina". E mais disse: "Se algum dia eu disser alguma coisa que contrarie a Jesus e a Kardec, fique com eles".

O médium viveu de forma modesta em uma casa

humilde; trabalhava numa fazenda como datilógrafo e não acumulou nenhum patrimônio, a não ser a conquista de preciosas amizades por todo o Brasil.

Voltava do trabalho à tarde e ia ao centro onde atendia pessoas, fazia receituário homeopático e psicografava mensagens e livros, e também milhares de cartas consoladoras aos familiares, inclusive algumas que foram usadas em julgamento no fórum e também transformadas em filmes (*As mães de Chico Xavier* e *Joelma 23º. andar*).

Chico tinha profunda admiração e respeito pelos animais, criou gatos e cachorros, que foram seus companheiros por muitos anos. De certa feita cuidava de um cão enfermo que lhe obrigava a cuidados todos os dias, especialmente quando voltava de madrugada das atividades espíritas. Numa noite, encontrou o cão abatido e cansado, acariciou-o e recebeu também lambidas de reconhecimento, vindo o animal, em seguida, a falecer.

O médium, entristecido com o fato, embrulhou o animal numa manta e sepultou-o no fundo do quintal.

Alguns dias se passaram e sua irmã veio contar que a morte do animal de estimação não foi natural. Sua vizinha, preocupada com o sofrimento do Chico, que depois de muitas atividades à noite ainda tinha que cuidar do bicho que não se recuperava, havia então dado a ele um veneno, provocando sua morte.

A notícia abateu o médium, que passou a sentir tristeza. Interpelado pelo seu guia espiritual sobre o que estava acontecendo com ele (tanto que isso havia influenciado na sua atividade mediúnica), explicou: "Eu não sinto mágoa da vizinha, mas uma tristeza por ela ter agido dessa forma com o animal que eu cuidava e de que gostava".

Sabemos hoje pela ciência psicológica e psiquiátrica que as tristezas acumuladas, as mágoas e ressentimentos nos afetam emocionalmente e podem ser somatizadas espiritualmente em nossa constituição física, gerando distúrbios em nosso corpo.

Emmanuel ofereceu a receita para o médium. Deveria presentear a vizinha com algo de que ela necessitasse. Chico retrucou que, tendo sido ele o ofendido, ainda teria que "retribuir-lhe" com um presente?

O espírito mentor disse que a orientação era do nosso mestre Jesus, no Evangelho, capítulo cinco de Mateus:

> Ouvistes que foi dito: Amarás o teu próximo, e odiarás o teu inimigo. Eu, porém, vos digo: Amai a vossos inimigos, bendizei os que vos maldizem, fazei bem aos que vos odeiam, e orai pelos que vos maltratam e vos perseguem; para que sejais filhos do vosso Pai que está nos céus.

Consultando sua irmã sobre de que precisava a vizinha, descobriu que era uma máquina de costura. Naquele tempo e com o salário apertado, Chico teve que parcelar em muitas vezes o "presente"; foi, junto com o vendedor, entregar o aparelho para a vizinha, que o recebeu com festa e muita alegria. No abraço de gratidão da senhora, o médium viu que uma nuvem de luz o envolveu... e para sempre desapareceu aquela tristeza.

Chico Xavier e crimes ocultos

DURANTE TODA A década de 90, vivi experiência gratificante em contato com detentos da Cadeia Pública de Capivari. Ciente dos benefícios que a Lei concede ao prisioneiro trabalhador — ganho por produção, desempenho da função em ambiente fora do cárcere e redução da pena de um dia para cada três trabalhados —, repassei aos reeducandos o serviço de encadernação de dezenas de livros editados pela EME.

Além da terceirização de parte da produção aos reclusos, promovemos, dentro da cadeia pública, palestras com alguns dos nossos autores, diálogos com os reclusos no "galpão do sol" ou nas suas próprias celas. Muitos deles, após cumprimento da pena, contaram com carta de referência da Editora EME, que lhes garantiu retorno à vida profissional e familiar, evitando assim que, ao enfrentarem a sociedade, caíssem outra vez nas malhas do crime.

Ao vê-los hoje integrados à vida social no pleno exercício da sua cidadania, sinto-me recompensado por haver tomado aquela decisão. Como dizia o médium Chico Xavier, a única diferença entre nós e os condenados é que eles foram descobertos em seus crimes, e os nossos ainda estão ocultos, porque ainda não foram desvendados.

Numa entrevista a um jornal, o médium contou que, antes de ficar doente, estivera por duas vezes em visita à Penitenciária de São Paulo, onde os livros espíritas entravam em grande quantidade. "A Diretoria da Casa pediu àqueles que quisessem ouvir a prece e a palestra que se inscrevessem. Surpresa: 542 se inscreveram", contou o médium.

Um desses 542 detentos procurou o médium e lamentou que na Cadeia todos fossem identificados por números. O preso número 3, o preso 414 etc. "Isso dá muito desgosto", falou o preso. Ao que Chico respondeu:

— Meu filho, quem de nós hoje que não é tratado por número? É número de RG, do CPF, do telefone, não sei de mais o quê... Nós ainda estamos com mais números que você. Só que agora estamos na cela ambulante, e vocês estão na fixa.

Os presos riram muito. E o velho mineiro, com aquele coração amoroso, arrematou: "Há muita gente boa presa. Nós temos de compreender a situação deles..."

Em tom bem-humorado, completou em seguida: "Foi um encontro tão agradável que tive vontade de passar férias na cadeia. Não para ficar descansando, mas para conversar toda noite com os que pudessem conversar, mesmo na cela, porque lá há espíritos brilhantes, maravilhosos".

Um jornalista jovem que acompanhava o evento indagou do médium:

- Você que tem sensibilidade de conversar e ver os espíritos, porventura, pode dizer se está vendo os espíritos obsessores ao lado deles?

Chico, com o carinho de sempre, respondeu:

- Não, meu amigo. Eles já conseguiram o que desejavam, o encarceramento de suas vítimas. Entretanto, noto aqui, ao lado dos reeducandos, pais amorosos e amigos espirituais trazendo alento e luz confortadora, estimulando-os à renovação e à liberação do mal em seus corações.

E nestes tempos de informação rápida, notamos que grande parcela da população tem sua mentalidade envenenada pelo crime e outra parcela vivendo com medo. E por isso 46% já pedem a pena de morte no Brasil, segundo pesquisas da CNI/Ibope, publicada na revista *IstoÉ,* edição 2.503. Na internet, a campanha "Dez motivos para ser a favor, ou dez para ser contra a pena de morte" vem recebendo adesões dos dois lados. E você, de que lado está?

Para mim, a condenação extrema não resolve e não é a solução. Porque simplesmente transferimos, para o mundo espiritual, alguém que já era doente ou revoltado com um motivo a mais para se desequilibrar, o homicídio legalizado pelo Estado. O problema é complexo, de difícil solução. Mas um caminho sempre esteve aberto, o da sabedoria e do amor. Escola, educação, distribuição de renda e profissionalização dos reeducandos, esse deve ser o futuro.

Como bem assinalou o médium Chico Xavier, nas prisões estão os que foram descobertos em seus crimes. Do lado de fora estão, "ainda libertos", muitos indivíduos (empresários, políticos, latifundiários e mesmo homens e mulheres comuns) que abdicaram da prática do bem, da honestidade, da ética e da fraternidade.

Chico Xavier e o espiritismo praticado

Muitos ficam na expectativa do socorro do Alto, mas não querem nada com o esforço de renovação; querem que os espíritos se intrometam na sua vida e resolvam seus problemas.
Chico Xavier

CHICO XAVIER, EM sua tarefa mediúnica, era procurado por pessoas que lhe consultavam sobre livros que tratassem dos problemas humanos, como este pedido endereçado a (e respondido por) Emmanuel:

> Eis aqui, portanto, adaptada quanto possível ao campo do esforço humano, a nossa cartilha simples. *Pensamento e vida*, chamamo-lhe no Mundo Espiritual e, sob a mesma designação, oferecemo-la aos

> nossos irmãos de luta, temporariamente internados na esfera física, para informá-los, ainda uma vez, de que o nosso pensamento cria a vida que procuramos, através do reflexo de nós mesmos, até que nos identifiquemos, um dia, no curso dos milênios, com a Sabedoria Infinita e com o Infinito Amor, ...

Esse é um trecho central do prefácio do livro, ditado em Pedro Leopoldo e datado de 11 de fevereiro de 1958.

Transcorria o ano de 1958, Chico Xavier também era procurado por muitos repórteres para entrevistas, a série de livros do espírito André Luiz e sua produção em prosa e verso continuavam despertando o interesse pela literatura espírita, e um repórter da Rádio Difusora de Uberaba, do programa Onda de Luz, indaga do médium:

— Qual a melhor maneira para que a criatura se torne um verdadeiro espírita?

— Os benfeitores espirituais - responde o médium - sempre me dizem que temos espíritas de variados matizes e acrescentam que o espírita ideal é sempre aquele que conjuga a sua fé com o trabalho ativo no bem incessante, tomando por base o próprio aperfeiçoamento. Emmanuel costuma afirmar que o espírita genuíno é sempre alguém que caminha no mundo aprendendo e servindo, porque aprendendo estaremos na educação e servindo viveremos na caridade.

E finaliza o médium:

— Nesse sentido, nosso orientador (Emmanuel) sempre recorda a palavra de Allan Kardec, quando assevera que o verdadeiro espírita é conhecido pelo esforço que realiza para sua própria sublimação de ordem moral. Assim, peçamos a Jesus que nos inspire e proteja, porque, segundo os nossos Orientadores da Vida Maior, estamos em nossas casas doutrinárias com o espiritismo-prático, e fora delas os nossos irmãos de humanidade estão procurando em nós todos o espiritismo praticado.

Fonte: ***A Terra e o semeador*, IDE, 1975.**

***Pensamento e vida*, FEB, 1958.**

Chico Xavier, o aprendiz do Cristo

CHICO FOI UM brasileiro, de Minas Gerais; um jovem pobre, que não cursou universidade; trabalhou em modesto escritório de empresa agropecuária; viveu por muito tempo, no fim da vida, de um salário de aposentadoria; nunca teve carro nem poupança; nasceu na simplicidade e retornou à vida espiritual da mesma forma...

Entretanto, foi o maior comunicador com os espíritos dos últimos dois mil anos, recebendo mensagens de brasileiros e estrangeiros, num total de quase 500 livros psicografados (nenhum deles ele considerou de sua autoria).

Abro um parêntese para falar que ninguém gosta de sofrer, seja dor física, seja dor emocional ou moral. Muitos de nós gostaríamos de fugir delas, mas ninguém consegue. Em algum momento, ou, se preferirmos, em alguns momentos de nossas vidas, ei-las que surgem, de forma e intensidade variadas, sem pedir licença, trazendo consigo situação de desespero, tristeza e angústia.

O sofrimento sempre nos convida a uma reflexão sobre nosso comportamento perante a vida, num contexto individual ou coletivo, exigindo muitas vezes mudança no pensar e no agir.

Todos ainda sofremos na Terra. E o Cristo também passou pelo sofrimento. Isso é incontestável. Mas quantos de nós sabemos sofrer? Saber sofrer e sofrer bem, para crescer espiritualmente?

O segredo para suportarmos a prova do sofrimento e de elevação é a aceitação e a serenidade, humildade e resignação.

Ninguém escolhe livremente sofrer, mas passar por sofrimentos faz parte do aprendizado de todos nós. Estar preparado para enfrentar dificuldades da vida, da profissão, da família, ajudar o próximo e as pessoas que amamos são desafios e decisões que exigem atitude. Podemos contar sempre com Deus, nosso Pai amantíssimo, mas Ele não pode fazer por nós aquilo que precisamos fazer: tomar a iniciativa e pôr em prática o que nos compete.

E foi isso que aprendi com o médium Chico Xavier. Numa circunstância desagradável ele foi execrado numa reportagem tendenciosa da revista *O Cruzeiro*. Estava triste e abatido quando seu mentor espiritual lhe apareceu, dizendo:

— Chico... Você só foi levado às páginas da *Cruzeiro*. Nosso Mestre foi levado à cruz do Cruzeiro (lugar onde os condenados eram crucificados)!

De outra feita, Chico chorava porque sua irmã obsidiada e perturbada mentalmente fora internada num sanatório. Queixou-se da falta de proteção dos espíritos, por terem deixado que sua irmã chegasse àquele estado.

Surge novamente seu protetor e pergunta:

— Por que você está chorando e se queixando?

E o mineiro respondeu de pronto:

— Você não está vendo e sabendo que minha irmã está internada num hospital psiquiátrico?

Emmanuel, então, disciplinador, diz:

— Eu estive com você lá e não vi você chorando pelas outras 200 mulheres em sofrimento no sanatório. Não será falta de amor para com o próximo?

Cabe ainda recordar mais esta passagem. Estando ele com sérios problemas de saúde, mais magro, usando uma peruca de cabelos lisos, repartidos de lado, e óculos escuros para cobrir a doença numa das vistas, "o mal de São Guido", deixara de ir, certa noite, aos trabalhos do Grupo Espírita da Prece.

Seu guia lhe aparece e diz:

— Você não foi ao centro hoje.

Ao que o médium respondeu:

— Você não vê o meu olho?

— Ter dois olhos é luxo. Levante e vamos atender aos necessitados com dores maiores que as nossas.

Após várias doenças que já lhe pesavam sobre o corpo frágil, Chico viu-se acometido ainda por problemas cardíacos. E orava, pedindo a intervenção dos espíritos amigos em favor de sua recuperação.

E quando se encontrava em prece, surge mais uma vez à sua frente o benfeitor Emmanuel.

— Chico... Você vem pedindo ajuda. Mas aconselho você a abrir o Evangelho do Nosso Senhor Jesus, para ler o que o Mestre nos diz.

E lá estava a proposta do Cristo, em Mateus 11:28: *Vinde a mim todos os que estais cansados e oprimidos, e eu vos aliviarei.*

Complementando o ensinamento, o mentor acrescenta:

— Jesus promete alívio, e não a cura. E alívio você tem recebido de todos nós.

“

Todos ainda sofremos na Terra. E o Cristo também passou pelo sofrimento. Isso é incontestável. Mas quantos de nós sabemos sofrer? Saber sofrer e sofrer bem, para crescer espiritualmente?

”

Chico Xavier: exemplo do homem de bem

Uma lei que nunca erra: / Reencarnação, a lei bendita...
Cada ser retorna à Terra / Na lição que necessita.
Jésus Gonçalves (Chico Xavier)

NO MUNDO MODERNO, dentre as teorias de vida pós-morte, temos de forma simples três concepções:

Uma minoria que acredita que não existe nada.

Outra, que ocupa perto de 1/3 da população, que acredita numa única vida na Terra e depois a vida no além (mas, com uma incógnita – uns acham que vão ressuscitar no próprio corpo e outros que serão julgados em espírito, sendo destinados para o céu ou para o inferno).

E outra que acredita na reencarnação, que é a maioria, quer dizer, acredita na pluralidade de existências corporais e também numa vida única, a vida do espírito, que é perfectível, que o céu e o inferno são um estado de alma que se carrega para onde for.

Chico Xavier nasceu num berço católico e frequentou por muitos anos a igreja, mantendo bom relacionamento com os sacerdotes; aos 17 anos, quando conheceu e desenvolveu a mediunidade, aderiu ao conhecimento e prática do espiritismo; ele afirmou que: "Se Allan Kardec tivesse escrito que 'fora do espiritismo não há salvação´, eu teria ido por outro caminho. Graças a Deus ele escreveu ´Fora da Caridade´, ou seja, fora do Amor não há salvação".

Pela reencarnação, os espíritos que venceram em muitas áreas do ser espiritual retornam e trazem essa bagagem dentro de si como autodidatas.

Falando em autoconhecimento, temos nosso mestre Jesus, que não consta tenha frequentado os cursos do sacerdócio judaico, foi filho de um carpinteiro e demonstrou profundo amor, humildade e sabedoria em sua fala e ações.

O ser humilde que gravita em torno da Divina Sabedoria muitas vezes é desconhecido pelo mundo, porém, reconhecido por Deus, através das práticas de suas virtudes.

Outro personagem de família simples na Grécia, Sócrates, quando encarcerado, afirmou diante da condenação que lhe era imposta que mais vale receber que cometer uma injustiça, e que, antes de mais nada, é preciso aplicar-se não em parecer um homem de bem, mas em sê-lo. O filósofo afirmava que devemos conhecer a nós mesmos, e que ele nada sabia.

O nosso Chico Xavier, à semelhança do pensador grego, em sua humildade afirmava que somente estudou até o primário e que não passava de um cisco, que toda a produção dos livros era das inteligências desligadas da carne (espíritos que o assistiam).

Certa feita o médium encontrava-se comprando tomates numa feira livre e escolhia um tomate bom e outro menos bom; uma conhecida ao seu lado perguntou por que não escolhia somente os bons. E Chico respondeu, como homem de bem: "Se eu escolher somente os bons, o que vai sobrar àquele que vem depois?".

Falando sobre o respeito às demais religiões, afirmou que: "Minha religião não me ensina a ser melhor que os outros. Minha religião me ensina a ser melhor para os outros".

Não devemos ter a pretensão de dar lição a ninguém, mas que nosso viver possa servir de exemplo para aqueles que olham e acompanham nosso caminhar. A nossa crença nos faz bem e devemos fazer o bem para nossos semelhantes.

Chico Xavier, suas lutas e superações

CHICO XAVIER FICOU órfão com cinco anos de idade, sua mãe, Maria João de Deus, (descendente de uma escrava que foi abusada pelo filho do patrão), ficou doente e alertou o filho que iriam dizer que ela tinha morrido, mas não era verdade, ela voltaria para auxiliá-lo.

De fato, ocorreu sua desencarnação e o menino foi levado para a casa de uma madrinha, dona Rita de Cássia. Essa senhora tinha um sobrinho que ela cuidava também e o menino tinha uma enfermidade na perna e um dia foi levado a uma benzedeira que recomendou que outro menino lambesse sua ferida por três sextas-feiras seguidas para que sarasse.

Chico ficou sabendo que seria ele o menino que teria que lamber a ferida, foi no quintal e recorreu ao espírito de sua mãe que aconselhou que seria melhor ele obedecer do que contrariar a madrinha.

A mãezinha espiritual pediu humildade ao menino e garantiu que, se ele cooperasse, os benfeitores espirituais fariam um remédio para curar a ferida do garoto. E deu certo. A ferida foi curada com a ajuda espiritual.

Seu pai casou-se novamente e reuniu os filhos que estavam espalhados com parentes. Sua segunda mãe (a madrasta) desencarnou quando Chico tinha 21 anos, e ele passou a cuidar dos irmãos menores.

Jovem e com muita fé e generosidade, em 1927, com o irmão José Xavier e os Perácios, fundou o Centro Espírita Luiz Gonzaga, em Pedro Leopoldo-MG. Doze anos depois, Chico já havia lançado vários livros, inclusive o portentoso livro de poemas de escritores mortos do Brasil e Portugal, *Parnaso de além-túmulo*. No ano de 1939, seu irmão José, vítima de uma convulsão, veio a óbito.

Seu irmão, André Luiz, conta outro drama vivido pelo Chico. Sua irmã Maria Xavier, chamada de Tiquinha, ficou perturbada espiritualmente. Seu pai procurou ajuda de um curador, José Hermínio Perácio, que veio de trem às três horas da manhã. Diz o André que o espírito que estava azucrinando a Tiquinha falou ao seu pai: "Não adianta procurar curandeiro, eu estou aqui e vou ficar aqui". Perácio veio e, com experiência e amor, doutrinou o espírito obsessor. De começo, as coisas pareciam bem, mas, tempos depois, Maria Xavier se suicidou, ateando fogo ao corpo.

Chico Xavier foi se superando e tornou-se, no século

XX, o maior canal de comunicação com o Além, recebendo quase quinhentos livros, de centenas de espíritos. Parece-nos que para ele essas dificuldades não foram expiações ou provas, e sim uma missão, para ele nos ensinar pelo exemplo de resiliência e amor ao próximo.

Leio muito os livros psicografados pelo médium e tenho uma imensa gratidão a ele e aos seus benfeitores, que nos instruem com suas páginas.

Mas as vitórias que demonstrou em sua longa existência como espírita é exemplar, fraterno e caridoso com todos.

Ele nos diz: "Deixe algum sinal de alegria onde passe". E isso ele nos deixou: foi um homem simples, desapegado dos bens materiais; construiu com os espíritos uma fortuna imensa em conhecimentos de ordem ética, moral, espiritual, com relatos de vivências na dimensão do eterno.

Chico Xavier, Tarsila e "A caipirinha"

Viver é sempre dizer aos outros que eles são importantes. Que nós os amamos, porque um dia eles se vão e ficaremos com a impressão de que não os amamos o suficiente.

Chico Xavier

EM SÃO PAULO, o casal Galvez sempre recebia Chico Xavier em seu lar para os eventos de que o médium vinha participar na capital. Muito amigo da Tarsila, após o falecimento dela, em janeiro de 1973, era costume dele levar flores e fazer prece no túmulo da artista plástica, no cemitério da Consolação, conta-nos a dona Nena Galvez.

No discurso proferido por Francisco Cândido Xavier, em 19/05/1973, no Estádio do Pacaembu, em São Paulo, quando recebeu o título de Cidadão Paulistano, o médium fez referência a Tarsila, que havia prometido estar nessa ocasião mesmo em cadeira de rodas – mas a vontade do Senhor a havia transferido para a Vida Maior.

Chamando Tarsila de *sua benfeitora*, Chico Xavier diz que a grande dama católica aceitava sua amizade como espírita e médium, com bondade inesquecível, "que orava em cores e produzia telas que hoje são o encanto e riqueza do Brasil e do mundo". Afirmou que "dona Tarsila" se inclinava aos pequeninos da mesma forma que acolhia as personalidades ilustres.

E afirma que

> [...] tanto ela, como eu, acreditava que os gênios do Brasil não estão mortos, que os grandes fundadores da civilização paulista e brasileira estão vivos operando e cooperando em nosso favor, e eles nos auxiliam. [2]

Tarsila enfrentou as desilusões amorosas sempre com grande dignidade e sobreviveu a grandes tragédias pessoais, como a morte da neta, Beatriz, aos 13 anos de idade, por afogamento, e da única filha, Dulce, vítima de diabetes. Foi nessas circunstâncias, nesses tempos difíceis, que a artista, desesperada e deprimida, se aproxima do espiritismo e do médium, doando parte da venda

---

2 Chico Xavier agradece São Paulo e Tarsila do Amaral: www.youtube.com/watch?v=euqb9F3v_c8

dos seus quadros à instituição assistencial na qual Chico Xavier colaborava e de quem se tornou amiga.

A artista plástica, anos depois de sua morte, foi homenageada pela União Astronômica Internacional, em 20 de novembro de 2008, que deu o nome "Amaral" a uma cratera do planeta Mercúrio. Curioso, não?

Em São Paulo, um leilão promovido pela Bolsa de Arte em dezembro de 2020 prometeu movimentar o mercado. Isso porque o quadro "A caipirinha", de Tarsila do Amaral (1886-1973), esteve disponível para arremate, com um lance mínimo histórico, por conta do valor: R$ 47 milhões, um recorde absoluto no país.

A obra, confiscada pela Justiça, estava disponível para visitação pública em São Paulo, na Galeria Bolsa de Arte, em dezembro daquele ano.[3]

---

3 O Globo - 07/12/2020: https://www.ovale.com.br/_conteudo/viver/2020/12/118447-quadro-de-tarsila-do-amaral-vai-a-leilao-com-lance-minimo-recorde-no-brasil--r--47-milhoes.html

Jesus

Jesus de Nazaré, um personagem especial

ACONTECEU HÁ DOIS mil anos. Nasceu uma criança diferente que surpreendeu a todos.

Quando aos 13 anos, conversava com os sábios da igreja de então coisas que somente os doutores da lei discutiam, com sabedoria e profundidade.

Aos 30 anos começou uma caminhada que operou a mudança de nossa história, dividindo-a em antes e depois de Cristo. A única referência de Jesus era ele próprio, uma personagem especial, nunca visto antes. Filho de um carpinteiro e de uma dona de casa, que estudou numa espécie de convento da época. Ele nunca escreveu um livro, mas escreveu algumas palavras no chão, diante da mulher acusada de adultério; não comandou um exército, mas foi temido pelo rei Herodes.

Não se preocupou em ocupar um cargo político, mas conquistou muitos seguidores. Jamais teve uma propriedade, os peixes e pães foram doados, o jumento cedido para entrar triunfante na cidade, o barco onde levou suas riquezas - seus ensinamentos - era dos amigos pescadores e, por fim, o seu túmulo foi emprestado por José de Arimateia. O que era dele e fez questão de carregar foi sua cruz, como marco de uma nova maneira de viver, com perdão incondicional e amor até mesmo aos inimigos.

Jesus costumava viajar afastando-se somente alguns quilômetros do seu vilarejo, atraindo multidões impressionadas com suas palavras esclarecedoras, provocativas e misteriosas, usadas nas parábolas. E com seus feitos de curas e recuperação de doentes e doenças, sem nunca usar medicamentos. Sabe-se de uma vez em que teria usado cuspe para molhar a poeira do chão e curar um cego.

Apesar de não sair de seu Estado, a projeção de Jesus de Nazaré extrapolou fronteiras e fez divisão no mundo, entre muitas crenças, pelas suas palavras firmes, pelas críticas mordazes a autoridades dogmáticas, e pela poesia de seu sermão da montanha, cujas mensagens só seriam decifradas posteriormente: "Bem-aventurados os puros de coração porque eles verão a Deus, bem-aventurados os mansos e pacíficos porque herdarão a Terra" - só a reencarnação poderia explicar tais afirmativas positivas do Mestre.

Muitos dos sábios e profetas passaram. Jesus foi o foco de milhares de teses, estudos e livros, muitos numa controvérsia sem fim. Para mim, entre esses livros, o que melhor definiu as lições do homem que nasceu em Belém é *O Evangelho segundo o Espiritismo*, conceituando sua moral e explicando os princípios da vida espiritual, a reencarnação, a pluralidade de mundos habitados, a comunicação com os espíritos, as desigualdades sociais, a justiça e o amor-caridade como salvação das criaturas.

Jesus e a liberdade das escolhas

JESUS, O ESPÍRITO mais evoluído que habitou a Terra, tinha sintonia com Deus e disse: eu e o Pai somos um. Quer dizer: seguia as leis divinas e fazia a vontade do Criador do Universo - criador de tudo que existe, dos espíritos e das coisas materiais.

Naquele momento de aflição reinante, diante dos soldados que vieram para prendê-lo, ele, após o beijo de Judas, deixou-se entregar serenamente, e seu discípulo mais exaltado, sacando da espada, feriu a orelha de um deles. E aquele que cumpria a vontade do Altíssimo, que pedia equilíbrio nos momentos difíceis para se exprimir com segurança, advertiu Pedro: "Embainha a tua espada; porque todos os que lançarem mão da espada, à espada morrerão" (Mateus 26:52).

Como afirmou em outras ocasiões, "a cada um segundo suas obras" - demonstrando que no Universo existem leis justas e sábias que regulam nossa vida e destino, entre elas a Lei de Causa e Efeito, ou Lei do Retorno, que um sábio da Terra descreveu assim: "plantio e colheita". Essa lei tem um paralelo na Lei da Física, explicada por Newton, onde toda ação tem uma reação contrária, de mesma intensidade e sentido oposto.

O apóstolo Paulo rememora essa lição com os gálatas: "Não erreis: Deus não se deixa escarnecer; porque tudo o que o homem semear, isso também ceifará" (Gálatas 6:7). Isto é: tudo o que semearmos teremos que colher no presente, na vida espiritual ou em outras oportunidades.

A Divindade estabeleceu regras na natureza: tem as estações, que produzem a floração, e depois vêm os frutos, num trabalho incansável da árvore de retirar do solo e do ar o alimento que nos sustenta.

Por falar em plantação, pensemos em cultivar a simplicidade e o amor, cumprir nossos deveres e respeitar as leis: divinas, naturais e civis. Tudo o que fazemos é uma espécie de plantio; nossos pensamentos são sementes, nossas palavras são sementes, nossas ações são sementes, nossas emoções são sementes e até nossos sentimentos e projetos são sementes. Que germinem!

Como tem sido a plantação em nosso interior e em nossos relacionamentos? As sementes escolhidas são dos bons frutos, tais como esperança, fé, otimismo, entusiasmo, alegria, coragem, confiança no Poder Superior, autoconfiança, tolerância, bondade, generosidade, equidade, decisão, caridade, fraternidade, serenidade, sabedoria, liberalidade e tantas outras sementes? Precisamos aprender a semear boas sementes.

Jesus disse que o corpo é frágil, e que precisa ser dominado por nós, ele deve ser o servo da mente. Porque ele deve obedecer às operações da mente (espírito). Aprendemos que a mente do homem pode ser comparada a um jardim, que pode ser inteligentemente cultivado, onde os bons pensamentos vão produzir os bons frutos, ou então deixar-se ao abandono, sem disciplina, sem vocação, dominado pelas paixões e instintos, frutificando maus pensamentos que, não resta dúvida, produzem maus frutos. E nós somos os jardineiros.

Jesus sempre, antes de atender a um pedido dos aflitos ou dos sábios, perguntava: "que queres que eu faça?".

Nunca impôs o seu modo de ser e de vida com o próximo. E quando socorria os enfermos do corpo e da alma, dizia: "Vai e não peques mais..." (João 8:11), para que não ocorra o pior.

Cultivemos as boas sementes no coração e na mente, para colher frutos da consciência em paz.

Jesus é Deus?
Você acredita no céu e no inferno?
Acredita em Adão e Eva?

AS CRENÇAS SÃO respeitáveis, é um direito à liberdade de pensamento e interpretação da vida, da filosofia e da religião.

Mas, convenhamos, é necessário pensar, e às vezes pensar dói, porque trai as tradições, os costumes, as crenças.

Existe a fé cega e a fé raciocinada. A fé cega é aquela que nada examina, que acredita em tudo que lhe é afirmado sem passá-lo pelo filtro da consciência. A fé raciocinada é aquela que pondera as afirmações humanas (porque todos nós, humanos, somos falíveis), mas que não permite que essas falhas abalem sua fé num Poder Superior, maior que a capacidade humana. Tanto uma como outra produzem efeitos notáveis na vida das pessoas, produzem transformações éticas e morais de consistência.

Mas será que não precisamos, também, ter boa vontade de ouvir, ler e aprender? Ter a mente aberta para discutir as interpretações que são diferentes da nossa, inclusive da Bíblia? Ter honestidade conosco mesmo, para admitir o que tem razão e lógica, analisando se está de acordo com a justiça da vida e em concordância com a ciência?

Saulo, da cidade de Tarso, era um perseguidor dos "homens do caminho" (seguidores de Jesus), chegando ao extremo de mandar matar um deles (Estêvão). E, não satisfeito, seguiu em perseguição de outros. Se Saulo tivesse morrido naqueles dias, ele iria para o céu ou para o inferno? Nossa moderna legislação penaliza mais o mandante do crime do que aquele que o cometeu...

Saulo, com o despertar espiritual ocorrido na estrada de Damasco, se converteu e abandou a Lei Mosaica da "pena de talião" em favor da brandura da "lei do amor" do homem de Nazaré. E, após a conversão, se transformou no apóstolo Paulo das cartas epistolares, onde ensina que entre as três virtudes, a caridade é a maior junto com a fé e a esperança.

Assim ocorre com vários aspectos criados no cristianismo ortodoxo que não podemos aceitar, porque não têm base no que o Cristo ensinou, nem na ciência atual. Por exemplo: Adão e Eva, pecado original, Trindade (Pai, filho e espírito santo como única pessoa), divindade de Jesus, céu e inferno, juízo final, ressurreição de corpos, Terra como centro do Universo, diabo (ou demônio, ou satanás), entre outras criações.

No Velho Testamento, diz-se que Adão e Eva tiveram dois filhos: Caim e Abel. Caim matou Abel. Com quem Caim se casou e constituiu uma cidade se não existia mais ninguém?

Se só Jesus salva, como eram salvas as pessoas antes do Cristo? Algumas igrejas afirmam que somente elas têm o poder da salvação, e outras, que a salvação eterna está só em Cristo, que somos salvos pela graça e não por méritos pessoais, mediante confissão e pelo sangue que Jesus derramou na cruz.

O próprio Jesus, porém, nos ensinou a lei de causa e efeito: "a cada um segundo suas obras" (Mateus 16:27).

O discípulo Tiago (2:17), que (diferente de Paulo) conviveu com Jesus, afirmou: "Assim também a fé, se não tiver as obras, é morta em si mesma".

Entendo que devemos ter fé e cultivar a prática da caridade, como na separação das ovelhas dos bodes ensinada por Jesus em Mateus 25:33-40: "Em verdade vos digo que quando o fizestes a um destes meus pequeninos irmãos, a mim o fizestes".

Mas, além da prática da caridade como salvação, acredito também em Jesus quando diz: "Bem-aventurados os puros de coração, porque verão a Deus; bem-aventurados os mansos e pacíficos, porque herdarão a Terra" – o que se concretiza através da pluralidade de existências corporais, quando o espírito vai libertando-se de suas mazelas e alcançando um coração depurado.

Jesus não voltará...

Onde Jesus diz que estará conosco todos os dias?
Eis que estou convosco todos os dias, até o fim dos tempos.
***Jesus* (Mateus 28:20)**

POR QUE VIVER ansioso sobre quando Jesus voltará? Ele disse que estará conosco até o final dos tempos, que comporta evoluir no planeta Terra.

Depois de alcançar certo grau de amor e sabedoria, iremos progredir com outros Cristos ou Consoladores, que são os espíritos que alcançaram a perfeição, como Jesus também alcançou. Hoje, ele habita somente no mundo dos espíritos, onde também habitaremos.

Natal é um dia de fraternidade humana, para lembrar a visita que nos fez no corpo o Senhor Jesus. Jovem, simples e afetivo, não fez diferença entre as pessoas, orientando, curando e ensinando o caminho da paz nos corações, com a mensagem "Que vos ameis uns aos outros. Como eu vos amei, que também vós uns aos outros vos ameis" (João 13:34) - isso ele viveu todo o tempo de sua missão com os discípulos.

Não negou ou expulsou Judas, não esqueceu de Pedro, e acolheu o pedido exigente do discípulo incrédulo, Tomé.

Aos pés da cruz, as mulheres que o acompanharam e também um jovem, João (evangelista), e sua santa mãe, Maria de Nazaré; mesmo neste momento difícil de separação do corpo, ele dá uma profunda lição, de cumprir o que ele ensinou no Pai Nosso ("Pai, seja feita a sua vontade assim na Terra como no Céu").

> Ora, Jesus, vendo ali sua mãe, e que o discípulo a quem ele amava estava presente, disse a sua mãe: Mulher, eis aí o teu filho. Depois disse ao discípulo: Eis aí tua mãe. E desde aquela hora o discípulo a recebeu em sua casa.
>
> (João 19:25-27)

Quantas vezes nos dizemos cristãos e, diante da morte de um ente querido, idoso, acamado, com graves doenças, ficamos lamentando - será que não aprendemos a lição com Maria de Nazaré?

O filho indefeso, ferido e sem forças na cruz, mais tarde retirado do suplício... e sua mãe a tudo assistindo.

Não se passaram muitos dias e ele retornou em seu corpo espiritual, como diria depois o apóstolo Paulo:

"Semeia-se corpo natural, ressuscitar-se-á corpo espiritual. Se há corpo natural, há também corpo espiritual" (I Coríntios 15:44).

Aparece primeiro para uma mulher especial, que havia transformado sua vida pela mensagem do Cristo, Maria Madalena. Depois, por diversas vezes, para os seus discípulos. Posteriormente, para o próprio Paulo de Tarso, o perseguidor dos homens do caminho (aqueles que eram discípulos de Jesus).

Ponho-me a questionar: quando será realmente o Natal da vivência fraterna entre os povos, da solidariedade e da paz?

Vivenciamos ainda datas para manifestações de nossos sentimentos. A maioria das pessoas estabelece datas especiais para manifestar seu amor pelo outro: é o dia do aniversário, o dia dos namorados, o aniversário de casamento, o dia das mães e dos pais e o sagrado dia de Natal... – quando deveríamos viver o amor no dia a dia. Mas ainda estamos longe disso.

Finalizamos com nossos votos para que todos estejam bem, com a consciência tranquila de ter feito o melhor e que tenham fé no futuro – em Deus e na imortalidade. Lembrando que da morte do corpo ninguém está livre. Mas a morte do espírito é um primeiro de abril.

Jesus que ainda não conhecemos

A pessoa boa tira o bem do depósito de coisas boas que tem no seu coração.
Jesus (Lucas 6:45)

NAQUELA NOITE EM que o céu se iluminou de cariciosas estrelas de bondade e fraternidade, os mensageiros da paz entregavam num estábulo, à feição de um berço, aos seus pais, o Anjo de sabedoria e amor que modificou nossa história e até hoje clareia nossos dias.

Naqueles tempos difíceis da encarnação de Jesus, como nos tempos atuais, encontramos nele um divisor dos costumes bárbaros, preconceitos e opressões na renovação da humanidade das pessoas, modificando a norma moral e oferecendo novo conceito de vida e respeito ao próximo.

Superando os costumes abusivos e trazendo nova visão sobre a pena de talião - olho por olho, dente por dente -, Jesus se opôs à condenação sistemática de então, sugerindo a prática do perdão incondicional, aos conhecidos e desconhecidos, aos mais novos e aos antigos, aos amigos e aos inimigos, encarnados e desencarnados.

E não é só ensinando, mas exemplificando que o Senhor corrige a ignorância com a sabedoria, o ódio com o amor, tocando nossas almas.

Diante de uma situação constrangedora - quem se imaginaria estar nessa situação algum dia? -, os fiscais da vida alheia trazem uma mulher desconhecida da multidão, sem nome, sem família, para ser sacrificada por uma tradição de punir apenas a mulher.

> E os escribas e fariseus trouxeram-lhe uma mulher apanhada em adultério; e, pondo-a no meio, disseram-lhe: Mestre, esta mulher foi apanhada no próprio ato, adulterando. E na lei nos mandou Moisés que as tais sejam apedrejadas. Tu, pois, que dizes? Isto diziam eles, tentando-o, para que tivessem de que o acusar. Mas Jesus, inclinando-se, escrevia com o dedo na terra.
>
> (João 8:3-6)

É a única informação de que o Mestre sabia escrever. Mas, para ter sabedoria e amor, não precisa saber ler ou escrever. Jesus era autodidata e trazia a bagagem de suas experiências milenares.

Meditava e anotava! O que será que pensava Jesus, ou ele estava deixando os seus oponentes (escribas e fariseus – que o levaram à cruz) se acalmarem, para dar a sentença que nos comove até hoje e para sempre.

Então, como um trovão na consciência daquelas pessoas, sentencia o Mestre:

> Quem de vós estiver sem pecado, seja o primeiro a lhe atirar uma pedra. Inclinando-se novamente, escrevia na terra. A essas palavras, sentindo-se acusados pela sua própria consciência, eles se foram retirando-se um por um, até o último, a começar pelos mais idosos, de sorte que Jesus ficou sozinho, com a mulher diante dele.
>
> (JOÃO 8:7-9)

Esse é o Cristo que disse: "Eis que estou convosco todos os dias, até o fim dos tempos" (Mateus 28:20). Ele está vivo e sempre do nosso lado, podemos confiar. Ele nunca vai embora. Ele vive todos os dias conosco, desde que mantenhamos a porta aberta do nosso coração para que ele ali habite.

Jesus também era inocente

Procurando sinônimos para "inocente", encontrei algumas definições:

Que não é culpado – insonte, inculpado, insuspeito. Jesus não tinha culpa, tinha virtude.

Que não faz mal – inofensivo, inócuo, abnóxio. Jesus somente fez o bem.

Que é ingênuo – ignorante, singelo, simplório. Isto Jesus não era: tinha uma capacidade mental acima da nossa, era um espírito puro, modelo e guia da humanidade.

Que não é malicioso ou maldoso – virginal, virtuoso, puro, imaculado, casto, cândido, santo. Sim, Jesus tinha um comportamento casto, como comprovam as narrativas dos evangelhos.

Era alegre, sábio, amoroso, disciplinado e comunicativo, e gostava de contar histórias. Para ele não tinha tempo ruim: estava sempre disposto a atender as pessoas que o procuravam durante o dia (o centurião romano, Lucas 7:1-9) ou na calada da noite (o fariseu Nicodemos, chefe dos judeus, João 3:1-15).

Sobre inocência e sacrifício (em prol do outro, em prol de uma causa) versa a história *O monge de Manila,* que li no livro *Belas e comoventes histórias*, publicado pela Editora EME, do paulista Oswaldo Iório, e que adapto agora:

Um monge espanhol que fora a Manila, capital das Filipinas, para catequizar nativos, acabou sendo condenado à morte, injustamente, acusado de conspirar contra as autoridades do país.

Não se conformando com a pena que lhe fora imposta, o monge lamentava-se da sentença e considerava injusta sua condenação. Alegava o sacerdote que nada fizera para merecer tal punição, jurando inocência perante sua consciência sem culpa, pura e imaculada.

Estava prestes a ser executado quando um irmão de sua ordem religiosa, avaliando seu sofrimento e desespero, aproximou-se e sussurrou em seu ouvido:

– Jesus também era inocente.

Ao ouvir a frase, suas lágrimas repentinamente secaram. Um sorriso aflorou em sua face e pela sua mente perpassou, naquele instante, todo o suplício do Mestre, que conhecera com o *Drama da Paixão*.

Como pudera esquecer tamanho testemunho? Apesar de haver ensinado e exemplificado o amor, a sabedoria, a alegria, o perdão, a caridade, a oração e a confiança em Deus, vivenciando a mansuetude e a verdade, Jesus fora flagelado e torturado. Haviam lhe cuspido no rosto e, sobre sua cabeça, colocaram uma coroa de espinhos. Fora obrigado a carregar a cruz do próprio martírio.

O monge refletiu mais um instante. Aquele homem fora crucificado como um bandido entre dois ladrões e, mesmo passando por todos esses tormentos, pediu perdão a Deus pelos seus algozes! E ressurgiu materializado, a portas fechadas, para os seus discípulos, desejando-lhes paz...

Então, serenamente sentou-se na cadeira fatídica e, quando o carrasco lhe pediu perdão, disse:

– Filho, não só te perdoo, como te ordeno: cumpre o teu dever!

Jesus! Por que teve que nascer?

UM ESPÍRITO DE incomparável beleza e sabedoria desceu à Terra - Jesus, a luz do mundo. Com ele, uma nova etapa na vida da humanidade. Vibramos com seus ensinamentos e lições, e aprendemos a orar todos os dias ao Pai Celestial.

Seus ensinamentos nos conduzem a fazer a coisa certa. Fazer o que devemos fazer, o que não é fácil, mas é o correto. Aprendendo que não podemos modificar as pessoas e só podemos amá-las, por mais que não as entendamos - esse é nosso dever. E qualquer um pode amar no mesmo nível, mas Jesus amou a todos em diferentes graus.

E, por amar os seus discípulos, Jesus ressurgiu em seu corpo espiritual para saldar a promessa e incentivá-los a continuar na evangelização de si e das criaturas; seu exemplo de vida e morte é cativante e contagiante, tanto é que alguns desses seus companheiros mais próximos tiveram morte semelhante à do Mestre. Graças a ele, não mais tememos a morte, e não a desejamos antes da hora, vivendo um dia de cada vez.

Sua mensagem é de renovação e perdão, de ação e movimento; podemos começar de novo, e de novo, num aprendizado que se repete a cada vinte e quatro horas. Graças ao Nazareno, a culpa se transforma na renovação pelas boas ações, o arrependimento se transforma em motivo de melhoria e acerto, com alívio e esperança. As dificuldades, graças ao Cristo, transformam-se em lição e aprendizado. Errar não é pecado, é aprendizado.

Temos segunda e terceira e outras chances de recomeçar. Nada, nunca, está perdido; todos podem renascer na vida. Novos inícios, novos caminhos, novas esperanças, e a certeza de que ele estará conosco sempre. E o fim será a felicidade plena, com nossa perfeição.

Jesus, além de curar e aceitar as pessoas, também multiplicou os pães e os peixes. Mas o bem maior que aprendemos com o Messias é que a maior riqueza está no carinho ofertado, no ombro amigo que consola, no abraço apertado que abriga, na palavra confortadora que estimula e no acolhimento com simplicidade.

Os enviados anteriores fizeram o bem, mas também se comprometeram com ações que desmentiram suas mensagens. Moisés mandou matar 3 mil irmãos; Elias mandou cortar a cabeça de 450 sacerdotes de Baal; Davi, o cantor dos salmos (você se lembra do salmo 23?), depois de uma série de desatinos, partiu com seus homens para matar *duzentos filisteus*, e se tornar genro do rei, e este (Saul) deu-lhe por mulher sua filha Micol (I Samuel 18:27).

Jesus, por graça e determinação dele mesmo, o próprio Governador do planeta, resolveu descer à Terra para dar seu testemunho. Em família simples, podia ser carpinteiro como o pai, mas andou com nobres e estranhas ideias que um dia, na cruz, fizeram Maria chorar.

Jesus, ele não envelheceu!

O CRIADOR AMA muito este mundo, só que este mundo não corresponde ainda ao que o Senhor deseja de toda a humanidade.

A princípio vieram os profetas que não foram acatados e, depois, o próprio Governador do Planeta Terra, Jesus, o Cristo de Deus, veio ter conosco cumprindo a vontade do Altíssimo.

Trinta e três anos aqui viveu e foi incompreendido. Sua mensagem libertadora dos apegos materiais e das tradições fez com que fosse combatido e hostilizado. Dentro de uma sociedade patriarcal, as mulheres tiveram uma importante participação em seu ministério, destacando sua mãe, Maria de Nazaré, e Maria Madalena.

Numa sociedade muito desigual e com domínio de pessoas sobre pessoas, de diversas formas, ele combateu o acúmulo das riquezas: "É mais fácil passar um camelo pelo buraco de uma agulha, do que um rico entrar no reino dos céus".

E exaltou a pobreza desprovida de ambição e que vive da simplicidade na vida, buscando apenas o necessário: "Bem-aventurados os humildes, pois eles receberão a Terra por herança".

Numa sociedade onde a hipocrisia e os interesses dos líderes dominavam, ele combateu o sistema e se ligou aos mais simples, sofredores, pecadores e doentes que buscavam o lenitivo para suas almas. E contou a parábola do bom samaritano, desmascarando os religiosos.

Numa sociedade com pirâmide (camada) social que distinguia as pessoas, Jesus mais uma vez exaltou os humildes, dizendo que: "Os menores serão os maiores e os últimos serão os primeiros, e bem-aventurados serão aqueles que mais sirvam aos seus irmãos".

Naquela época em que se vangloriavam e obrigavam as pessoas ao culto no grande Templo de Jerusalém, o Cristo desfraldou fronteiras ensinando a amar a Deus dentro do próprio coração; em qualquer lugar poderíamos encontrar as belezas do Pai generoso. Dessa forma ampliou a experiência com Deus, sem que as pessoas necessitassem de pedágios e sem mistérios e intercessões de terceiros para se comunicar com o Criador.

O Messias nasceu despojado dos bens materiais, seu trono foi uma manjedoura, e já aí começa a espalhar a notícia do amor. Viveu na periferia e conviveu com muitos daquela marginalidade social; somente esteve na capital, Jerusalém, para cumprir uma missão de dar o exemplo do perdão diante da maior injustiça que se faz com uma pessoa, aplicar a pena de morte, sem permitir a defesa.

Nessa sociedade revoltada, onde predominava o olho por olho e dente por dente, o Nazareno ensinou o perdão e inclusive a fazer o bem para aqueles que nos perseguem ou ferem, porque o mal não é algo que nos fazem, e sim o mal que fazemos para nosso próximo. Perdoar sempre!

Numa sociedade desigual e ambiciosa que não podia compreender a mensagem renovadora de Jesus, ele não envelheceu, preso e calado foi condenado e disseram: "Crucifiquem o galileu". Com apenas 33 anos, torturado e assassinado pelo Estado e pelos religiosos, ainda é o incompreendido que precisamos descobrir. E sua mensagem libertadora continuou na cruz: "Pai, perdoa-os, porque eles não sabem o que fazem".

Mestre dos mestres, o maior filósofo e mais experiente psicólogo tem sua mensagem ecoada pelos milênios e sua vida fez com que se dividisse o tempo em antes e depois dele. Líder, que cativou os discípulos e não os abandonou, viveu entre os oprimidos, morreu na cruz do martírio e sobreviveu, voltando em espírito para nos contar e demonstrar que a morte é vida e que a vida continua.

E que todos viveremos de novo.

Jesus, guia e modelo da humanidade

JESUS FOI UM homem comum do seu tempo. Nasceu em Belém e viveu em Nazaré, trabalhou com seu pai. Os judeus de sua região (os nazarenos) eram conhecidos por fazer voto de pureza, adotando a castidade, a abstinência de álcool e, por tradição, deixar os cabelos crescer (tanto que, na reprodução de diversos artistas, o Cristo é retratado com longos cabelos).

No dia de sua condenação, em torno do palácio romano, os presentes gritaram: "Crucifica o nazareno"...

Mas Jesus é um espírito aberto e sereno, tanto é que em Mateus (11:18-19) ele mesmo fala do que falam dele, numa boa, sem cerimônia, sem se preocupar com o que poderiam os homens do seu tempo ou depois dele pensar: "Assim, veio João, que jejua e não bebe vinho, e dizem: 'Este tem demônio'. Então chega o Filho do homem, comendo e bebendo, e dizem: 'Eis aí um glutão e bebedor de vinho, amigo de publicanos e pecadores!'.

Todavia, a sabedoria é comprovada pelas obras que são seus frutos".

Se Jesus não estudou na escola judaica de então, onde ele foi beber a sabedoria que era comprovada pelos seus feitos magnéticos e espirituais, e sua sublime mensagem, que ele ensinou com amor e humildade, descortinando para seus seguidores o segredo da felicidade espiritual, no cultivo das virtudes morais?

A resposta está em Allan Kardec, que esclarece: "A alma é anterior, antes da sua união com o corpo tinha sua individualidade e a consciência de si mesma".[4]

No Evangelho de João (1:15), temos a informação de que Jesus já tinha feito sua evolução em outros mundos, e que era um espírito perfeito: "João (o Batista) testemunha a respeito dele e exclama: 'Este (Jesus) é o de quem eu disse: o que vem depois de mim tem, contudo, a primazia, porquanto já existia antes de mim'".

Voltando a Allan Kardec, o sábio francês que codificou o espiritismo, quando ele pergunta aos espíritos de luz se Deus ofereceu ao homem um exemplar perfeito para servir-lhe de guia e modelo, a resposta é objetiva: "Vejam Jesus".

E complementa o professor:

> Jesus é, para o homem, o modelo da perfeição moral a que pode aspirar a humanidade, na Terra.

4 Allan Kardec, *O que é o Espiritismo*.

Deus o oferece a nós como o mais perfeito modelo, e a doutrina que ele ensinou é a mais pura expressão da lei de Deus, pois Jesus estava animado pelo Espírito Divino, e foi o ser mais puro que surgiu na Terra.

Se alguns dos que pretenderam instruir o homem na lei de Deus desviaram-no por falsos princípios, foi porque se deixaram dominar por sentimentos demasiado terrenos e porque confundiram as leis que regem as condições da vida da alma com as que regem a vida do corpo. Muitos tomaram como leis divinas simples leis humanas, criadas para servir às paixões e dominar os homens.[5]

O Evangelho do Cristo é o edifício de redenção da alma na Terra, não mais através de dogmas ou teorias, e sim através do aperfeiçoamento do ser espiritual pela vivência da mensagem e do exemplo do Nazareno.

---

5 Allan Kardec, *O Livro dos Espíritos*, questão 625.

Jesus, Chico Xavier e o passado

SIM, EXISTE UM provérbio: "Águas passadas não movem moinhos", que já foi transformado em música por alguns compositores e um deles é a cantora Fafá de Belém, que diz: "Eu sempre disse a mim mesma que águas passadas não movem moinhos. Mas a saudade é um rio que vive passando pelo meu caminho", trazendo muitas recordações.

A letra tem conteúdo, a canção é linda e a cantora tem uma voz cativante.

O que o ditado popular quer expressar é que o passado não pode ser alterado, nem controlado, e deve ser aceito, compreendido, ressignificado em alguns momentos e perdoado, porque esquecer é muito difícil. E o que pode ser pior: aquele que vive do passado acaba não aproveitando o presente e não constrói o seu futuro.

O que move um moinho? Há séculos que o movimento da água é usado nos moinhos. A passagem dela faz mover rodízios de madeira que estão ligados a uma mó (pedra redonda muito pesada). Esta mói o cereal (trigo, milho, cevada, aveia etc.) transformando-o em farinha.

Entretanto, é com o nosso passado que estamos construindo nosso futuro, somos o presidente de nossa vida, e muito do que somos ou passamos nesta existência são reflexos de experiências vividas anteriores, que conduzimos em nosso inconsciente, por bênção de Deus, envoltos em um manto do passado.

Na vida depois da morte, antes de escolher e decidir por novas experiências evolutivas na carne, precisamos adentrar em memórias e fichas/ arquivos do nosso passado para entender e aceitar as nossas provas e muitas vezes resgates e expiações.

O espiritismo mostra que temos apenas uma vida, a vida do espírito, que busca a perfeição, por determinação de Nosso Pai, mas peregrinamos em mundos materiais em múltiplas encarnações e nossa personalidade atual está vinculada às passagens pregressas.

O reflexo da lei de causa e efeito, ou de ação e reação, ou ainda, do retorno é explicada por Jesus quando diz: "A cada um segundo suas obras" – é Lei Universal e justa, pois emana de Deus. Dessa forma podemos compreender a ligação que existe entre os dramas vividos atualmente pelas pessoas, pelas famílias, pela sociedade e pelas múltiplas nações que povoam a nossa Terra.

Dizem os espíritos sábios que o nosso passado, na realidade, não desaparece, prosseguindo conosco em nossas tendências, preferências, gostos, inclinações, aptidões.

Num programa Pinga Fogo, da extinta televisão Tupi, Chico Xavier conta o drama que passou num avião, diante de um temporal, com medo de morrer, e que gritou desesperado por Jesus – quando o espírito Emmanuel, seu protetor espiritual, surgiu e lhe disse: "Como espírita, se você vai morrer, morra com dignidade".

O tempo passou e Chico Xavier desenvolveu sua confiança e espiritualidade e um dia chegou a confessar abertamente: "Devemos aceitar a chegada da chamada morte assim como o dia aceita a chegada da noite – tendo confiança de que, em breve, de novo há de raiar o sol".

Deus

Comprometimento com Deus move o céu

Bem-aventurados os pacificadores,
pois serão chamados filhos de Deus.
Jesus (Mateus 5:9)

QUANDO TEMOS COMPROMETIMENTO com Deus o Céu (espiritualidade) se move a nosso favor, as portas se abrem para o bem e para a paz.

Quando confiamos no Poder Superior o impossível torna-se realizável e as causas boas e nobres se concretizam em nosso favor; para tanto precisamos estar atentos à prática da caridade e nos esforçando para alcançar nossos objetivos.

Jesus nos ensinou que fazer o que devemos é muito bom, mas fazer ao próximo o que desejamos para nós mesmos é a melhor prática que podemos realizar: "Portanto, tudo o que vós quereis que os homens vos façam, fazei-lho também vós, porque esta é a lei e os profetas" (Jesus, em Mateus 7:12).

Se desejamos paz em nossa vida, vivenciemos a paz com nossos irmãos; se queremos luz em nosso caminho, iluminemos a estrada do semelhante; se almejamos auxílio para nosso filho, levemos o amparo para o filho do nosso vizinho. Porque, como diz São Francisco de Assis, é "dando que se recebe": amizade, compreensão, esperança e alívio em nossa caminhada.

Dessa forma, posicionemos a caridade, que é o amor em movimento, como a maior de todas as Leis e condição maior para salvação do homem (espírito). Em 19 de julho é comemorado o dia da caridade.

A mensagem de Jesus não fala em religião, mas em viver a fraternidade. E também que a jornada na Terra não seria fácil, porém, que a conclusão de nossa tarefa valeria a pena, desde que permanecêssemos vivenciando seus ensinamentos.

E Deus também não criou nenhuma religião, mesmo porque somos nós que precisamos d'Ele, e enquanto estivermos em sintonia com Ele, sendo nosso ponto de apoio e nosso chão, não há dificuldade que nos jogue para baixo.

A nossa saúde espiritual é proporcional exatamente ao amor que devotamos a Deus, que dá a oportunidade de, fazendo o bem àqueles que convivem conosco, decidir o que vai ser duradouro em nosso interior, em nossa alma.

Os antigos judeus, no evangelho, conversavam com o mestre Jesus, perguntando e pedindo orientação para herdar a Vida Eterna, o Paraíso de Moisés. E a chave disso é a vivência da caridade material, moral e espiritual. Como ensinam os bons espíritos, o amor de Deus é uma bênção de caridade, fonte perene, que não se esgota nunca. Numa página escrita por Chico Xavier, o seu mentor nos mostra uma fórmula de bem-estar:

> A caridade é o processo de somar alegrias, diminuir males, multiplicar esperanças e dividir a felicidade para que a Terra se realize na condição do esperado Reino de Deus.[6]

6 Emmanuel (Chico Xavier), livro *Neste instante*, Editora GEEM.

Deus – o desconhecido ainda

QUANDO DEPOSITAMOS NOSSA fé e confiança em Deus, que é só amor e misericórdia, ganhamos força e ânimo para vencer nossas dificuldades. Ele nos entende na intimidade, pois quem criou conhece Sua criatura. E a visão do Pai alcança lugares que ainda não vemos – estamos presos na matéria, e Ele é todo espiritual. Só Deus é imaterial e imutável.

Através da prece podemos entrar em contato com Deus e solicitar a luz da sabedoria, para que Ele nos guie e oriente no caminho certo e bom a seguir.

Se para todo efeito tem uma causa, a causa do Universo é de uma inteligência suprema. Quando vejo uma semente e sei que ela vai morrer para viver em plenitude, seja numa planta ou numa árvore, com todo o seu esplendor de madeira, folhas, flores e fruto, e na sua diversidade, eu me regozijo diante dessa Sabedoria Divina.

Quem contratou mineiros para abrir as minas de oxigênio? Sem o oxigênio, não sobreviveríamos mais que alguns minutos. Quem contratou engenheiros para colocar alavancas invisíveis e sustentar no espaço nosso globo terreno? E a Terra gira numa velocidade imensa... Quem contratou homens para depositar no Sol as madeiras, carvões ou combustíveis que produzem calor e luz e nos dão a sustentação da vida aqui na Terra?

Deus estabeleceu leis sábias e justas que governam o Universo e nossas vidas. Creio que Deus não tem pressa, nem se zanga, nem grita conosco, e Sua doce influência é de forma saudável e amorosa.

Deus é espírito, a inteligência suprema, causa de tudo o que existe e nós, Seus filhos, espíritos herdeiros deste Universo maravilhoso, onde cada um faz sua concepção desse nosso Criador. Jesus chamou-O de Pai Nosso.

E você, como O percebe? Ele não se alimenta e não dorme, e deve ter bom humor quando nos vê imaginando essas coisas na Terra. Se somos espíritos, somos uma centelha de luz; Deus é espírito também – será um círculo de luz ou de energia também?

“

Através da prece podemos entrar em contato com Deus e solicitar a luz da sabedoria, para que Ele nos guie e oriente no caminho certo e bom a seguir.

”

Deus é um Pai acolhedor

A ORAÇÃO É nosso contato com o Criador, e devemos manter esse diálogo diariamente, não até que Deus nos escute, mas até que possamos ouvir Deus.

Nenhuma oração é esquecida, todas as petições são ouvidas – a resposta de Deus demanda o tempo do nosso merecimento.

Se estamos confiantes em Deus, nunca estaremos sós – é da Sua lei que gravitemos em torno de Seu amor.

Se é verdade que Deus não escolhe pessoas, pois somos todos filhos de Sua criação, tenhamos certeza de que, na prática da caridade e da fraternidade, Ele nos prepara e capacita para o bem.

A fé humana mostra onde podemos chegar – a fé divina nos leva mais próximos de Deus. Não se importe se outros não acreditam; tenha certeza de que Deus acredita em todos nós – Deus entra onde encontra as portas do coração abertas.

Deus sempre dá uma segunda, uma terceira e múltiplas chances para Seus filhos – Ele estabeleceu a lei da pluralidade de encarnações corporais, e uma vida espiritual imortal.

A vida e o livre-arbítrio são uma dádiva do Criador – e a forma como vivemos nossa vida e realizamos nossas ações é que pode nos trazer essa dádiva, essa graça e vitória.

Viva com as pessoas como se Deus estivesse não apenas a ver e ouvir você, mas também a partilhar com você e a estimular você, compreendendo que Ele é o legislador perfeito, e que temos Suas leis inscritas em nós, em nossa consciência.

Se você pensa em Deus e na manutenção e conquista da sua saúde, desenvolva-se espiritualmente.

O prazer físico pode ser o complemento do sentimento, mas isso não basta para o seu equilíbrio emocional e espiritual – é necessário viver o amor em sua plenitude.

A alegria de se doar é maior que a de receber.

O orgulho e a autossuficiência atrapalham a nossa vida.

Somos todos irmãos, precisamos do próximo e de Deus e não podemos exigir a perfeição de ninguém. Aprendamos a aceitar as pessoas como elas são.

Assim, entendamos que Deus, o Criador de todas as coisas, causa primária de tudo o que existe, não está limitado à humanidade, ao planeta Terra ou à nossa Via

Láctea. Ele abrange todas as coisas, todos os seres vivos, inteligentes ou não, do Universo.

Vá com calma, se cuide e use dos recursos da oração e do perdão para viver melhor aqui e com Deus.

Deus escolheu e não deu certo

MUITAS PESSOAS ACHAM que sua vida não vai bem *por causa dos outros*, mas isso quase nunca é verdade – na maioria das vezes, não vai bem ou não dá certo por nós mesmos.

O primeiro casal criado por Deus, segundo a Bíblia, foi "contratado" para tomar conta do paraíso, e não deu certo. Agora Deus deixou por conta de cada um escolher sua "cara metade".

Eram somente os dois, Adão e Eva. Não tinham sogra ou parentes, não tinham vizinhos e não precisavam cumprir os dez mandamentos:

> Honra a teu pai e a tua mãe, para que se prolonguem os teus dias na terra que o Senhor, teu Deus, te dá; Não matarás; Não adulterarás; Não furtarás; Não dirás falso testemunho contra o teu próximo; Não cobiçarás a casa do teu próximo; não cobiçarás a mulher do teu próximo, nem o teu servo, nem a tua serva, nem o teu boi, nem o teu jumento, nem coisa alguma do teu próximo.

Eles estavam "garantidos no emprego", pois não tinham concorrentes; era só não comer do fruto da árvore da sabedoria, ou árvore do conhecimento do bem e do mal, ou árvore da ciência.

(Um parêntese: além dessas singularidades, também não tinham umbigo... Seria mais bonito não tê-lo? O umbigo serve para quê, após o nascimento?)

Quando Deus criou o jardim do Éden, Ele fez crescer nela todo tipo de árvore com fruta boa para se comer. No meio do jardim, colocou a árvore do conhecimento do bem e do mal. Ele deixou o homem comer do fruto de todas as árvores que quisesse, exceto desta. Se o homem provasse desse fruto, neste dia morreria (Gênesis, 2:16-17).

Mas Adão não resistiu e, junto com sua mulher, comeu do fruto proibido e foi "dispensado por justa causa" do paraíso. Teriam agora que comer com o trabalho e com o suor do próprio rosto.

Imagine você se Eva e Adão não tivessem cometido o primeiro "pecado"... Nós não teríamos aprendido, porque errar é aprender. Imagine no paraíso somente comendo e bebendo: seríamos verdadeiros animais, não desenvolveríamos a inteligência e seríamos roliços como os porcos.

Adão e Eva viviam, anteriormente, como favorecidos. Há certas pessoas que também vivem assim na Terra, mas, diferentemente do primeiro casal, vivem bem por mérito próprio. É um grupo privilegiado, uma "panelinha" de pessoas que estão quase sempre felizes não por serem ricas, mas por serem gratas, por acreditarem que receberam de Deus tudo de que precisavam, e por se acharem também responsáveis por seu destino – junto com o Criador. É um grupo de abençoados, cumprindo a lei divina e vivendo coisas boas, não materialmente, mas emocional e espiritualmente. Tente segui-las, porque você vai se dar bem.

Ah! E observe também aquele grupo que vive distante de Deus, e que leva uma vida sofrida, uma vida de lamentar-se, de vitimizar-se, de culpar os outros e de autoenganar-se... Evite viver como essas pessoas. Não as siga, para não sofrer como elas (podemos aprender muito com os erros alheios). E, se necessário, estenda a mão para auxiliar as pessoas que ainda estão equivocadas no mal.

Deus não vai realizar o seu sonho

FINAL DE ANO e Ano Novo temos muitas comemorações, e a alegria e a esperança vibram em uma atmosfera diferente. Que bom! Tudo graças a esse tempo de iluminação que lembra o nascimento do Governador espiritual do nosso planeta Terra, e a perspectiva de um novo tempo, tempo no qual muitos ficaram para trás e não poderão comemorar, nesta dimensão – comemoram do Lado de Lá.

E muita gente diz numa manifestação de euforia e sentimento que: "Deus vai realizar o seu sonho", e mais ainda "Jesus vai lhe proteger e fazer prosperar muito em sua vida, e vai lhe dar saúde e bem-estar".

Balela! Conversa furada. Eles, o Criador e Seu filho, nosso irmão, o Mestre nazareno, podem nos dar as condições, as forças, as sugestões de bons pensamentos, mas as conquistas dependerão de nossa vontade, ação, estudo, esforço, sacrifício para alcançar as metas, que não são deles, e sim nossas.

Vejamos aqui alguns passos para melhoria das nossas vidas, porque o que fica parado é museu:

Comece desafiando suas próprias suposições. Suas suposições são suas janelas no mundo. Esfregue-as de vez em quando, ou a luz não entrará (Alan Alda - ator norte-americano).

Feliz de quem entende que é preciso mudar muito para ser sempre o mesmo (Dom Hélder Câmara).

Você tem que ser o espelho da mudança que está propondo. Se eu quero mudar o mundo, tenho que começar por mim (Mahatma Gandhi - pacifista e ativista indiano que promoveu a independência desse país).

As espécies que sobrevivem não são as mais fortes, nem as mais inteligentes, e sim aquelas que se adaptam melhor às mudanças (Charles Darwin - criador da teoria da evolução das espécies).

A mudança é a lei da vida. Aqueles que olham apenas para o passado ou para o presente serão esquecidos no futuro (John F. Kennedy - 35º presidente dos Estados Unidos).

Mude, mas comece devagar, porque a direção é mais importante que a velocidade (Clarice Lispector - romancista brasileira).

Você não pode mudar o vento, mas pode ajustar as velas (Confúcio - filósofo chinês).

Nada existe de permanente a não ser a mudança (Heráclito de Éfeso - filósofo grego).

> É impossível progredir sem mudança, e aqueles que não mudam suas mentes não podem mudar nada (George Bernard Shaw – dramaturgo e romancista irlandês que recebeu o Prêmio Nobel de Literatura em 1925).

Mudanças são necessárias, mas duas coisas são fundamentais de se continuar cultivando de hora em hora: humildade e caridade (que é o amor em ação), preservando essas virtudes essenciais por toda vida.

Hoje se defende muito a reciclagem, mas também pensemos na reciclagem no ambiente do nosso ser, não ficar lutando com o passado, mas pensando em construir o futuro, onde nos transformemos em alguém melhor em nossa vida e na sociedade.

Hoje se fala muito em crise, corrupção, sequestro, que são coisas que nos acompanham há muito, muito tempo; podemos ouvir falar delas, mas não desejemos fazer parte delas; pensamentos de fé e confiança no Poder Superior podem ser nosso leme.

O fator primordial de mudança é a determinação, não se pode ficar esperando a vontade chegar, por exemplo: "no ano que vem vou à academia", "no ano novo vou fazer uma poupança", "no primeiro semestre vou me matricular num curso ou vou procurar um novo emprego". Nada disso! Tem que ser agora.

Comece hoje, o amanhã é só na imaginação e na crença. Mudança necessita de coragem e de vontade e elas só dependem de nós.

Deus para melhorar nossa vida

QUE DEUS É esse que ama Seus filhos, que nos criou e nos concedeu por bênção o Universo, a vida e o livre-arbítrio? Será que se pedirmos algo que vai nos levar ao crescimento Ele vai negar?

Qual crescimento? Quando nos movemos, o Universo se movimenta a nosso favor, para o bem ou para o mal.

Será que aprendemos a pedir as coisas que nos elevam?

Criador que tudo governa através de Suas sábias leis, que não come, não dorme e não grita conosco, e que sabe esperar pelo nosso progresso ou que nos impulsiona a evoluir, com as oportunidades que nos dá, nos ambientes em que nos permite estar.

E não nos perdoa. Deus não nos perdoa? Não, porque somente perdoa aquele que se ressente, que se magoa, que se ofende, e o Supremo Poder nos criou por obra do amor. Estamos matriculados neste educandário para o exercício do verdadeiro amor, que Jesus nos trouxe: "Ame a Deus sobre todas as coisas e ao próximo como a ti mesmo".[7]

Se nos alimentamos da fé e da coragem de superar as provações, confiantes de que Deus está no controle, tudo o que vem contra nós perde a direção e a força.

Quando amanhece e o sol aparece e nos ilumina o caminho, se temos confiança, dizemos: se não fosse a mão de Deus, eu não estaria de pé aqui hoje! Porque estamos ainda num mundo de provas e expiações e não somos melhores que as outras criaturas, nem menores, somos filhos do Altíssimo.

E nesse novo dia o caminho tem diversos desvios, e por certo nenhum obstáculo é grande demais quando confiamos n'Ele, e seguimos pelo caminho reto, e guardamos Seus conselhos (Suas leis). Com a esperança que brota de nossa convicção, não temos nada a temer.

Se você sonha, Ele realiza, no tempo adequado.

Se cair, Ele o levanta amanhã.

Se chorar, Ele o consola depois.

Se errar, Ele o carrega de esperança para acertar em outra oportunidade.

Se você tem fé, Ele faz se transformar em bênção os seus planos.

---

7 O ensino original é este: "Amarás o Senhor teu Deus de todo o teu coração, de toda a tua alma, e de todo o teu entendimento!". Esse é o maior e o primeiro mandamento. O segundo é semelhante a esse: "Amarás ao teu próximo como a ti mesmo. Toda a Lei e os profetas dependem desses dois mandamentos". (Jesus, Mt 22:37-40)

Se ora, Ele o ouve e envia o recurso, ou então apenas espia você.

Se você espera, Ele o recompensa com alegria.

Deus acima de tudo livra-nos do mal se deixamos as portas abertas do coração para o amor, a fraternidade e o perdão.

Deus tem bom humor?

Jesus chama a Deus, com intimidade, de Pai.

JOÃO, O APÓSTOLO, diz que Deus é Amor.

A melhor definição para Deus encontramos na resposta dos espíritos: – Deus é a inteligência suprema, causa primária de todas as coisas.

Se é um espírito, é o mais sublime de todos. Tem que possuir todos os atributos que imaginamos.

É bondoso, justo, misericordioso, sábio etc. E estabeleceu leis em nossa consciência que nos regem os destinos.

Então essas leis são como o sol, devem clarear a vida de todas as criaturas, sem distinção. Tanto o sábio como o ignorante, o rico e o pobre, o santo e o criminoso, somos todos filhos do Seu amor.

À medida que vamos nos elevando espiritualmente, compreendemos melhor as características da perfeição do nosso Criador.

Cada pessoa, em seu nível de entendimento e evolução, vai compreendendo Deus e Sua grandeza no estágio em que se encontra.

"Bem-aventurados os puros de coração, porque eles verão a Deus", ensinou Jesus. É pelo esforço próprio para conservar a pureza dos sentimentos e desenvolver sabedoria, cada vez mais em sintonia com o bem, que vamos crescendo e começando a visualizá-Lo.

A verdade sobre o Criador é sempre pura, sublime. As impurezas do homem é que a maculam, assim como o vaso impuro deteriora o que nele depositamos. Portanto, é preciso purificar nossa mente, para apresentar o coração esvaziado de resíduos do apego às coisas da Terra.

Quando fazemos uma prece para Deus, como imaginá-Lo? Quando meditamos e criamos uma imagem, dirigimos melhor nosso pensamento. Para mim Deus é um Ser de muita Luz.

Devemos compreender, amar e viver gravitando em torno d'Ele. Como? Esforçando-nos para praticar o bem, buscando conhecer-nos melhor, vigiando-nos para não cair nas tentações de nossas próprias imperfeições e dedicando-nos ao crescimento intelectual, moral e espiritual através do conhecimento e da oração.

Jesus sintetizou os mandamentos da Lei em uma simples regra, amar a Deus sobre todas as coisas e ao próximo como a si mesmo. Tão simples e tão leve que não pesa para nós. Pelo contrário, essa nova regra ensinada por Jesus é luz, paz, direção para nosso caminho aqui nesta estação de aperfeiçoamento espiritual. Representa uma bússola segura que nos norteia, nos encaminha e nos direciona para onde está a vontade de Deus, como diz Jesus no Pai Nosso: "Senhor, seja feita Sua vontade assim na Terra como no Céu".

Eu creio que Deus tem um grande senso de humor.

Considerando nosso pequeno planeta em relação ao Universo infinito, e respeitando que muitos aqui ainda acreditam num Céu e num Inferno, eu creio que o Céu e o Inferno sejam estados de alma, não um lugar definido. Com que humor será que Deus olha para essas nossas convicções?

O gaúcho Mário Quintana, bem-humorado, poetizou: "Esses que puxam conversa sobre se chove ou não chove – não poderão ir para o Céu! Lá faz sempre bom tempo...".

Muitos acreditam que a Terra é o centro do Universo, enquanto a ciência e a astronáutica estão pesquisando a Lua, Marte, Jupiter e Saturno em seu campo físico e com olhos para a vida material em outros planetas. Olhando em noite estrelada nossa galáxia, a Via Láctea, ficamos assombrados com tantas luzes. A ciência aponta que aqui existem 30 milhões de sóis, e que fora ela existem 2 milhões de galáxias.

Quando estamos todos ainda aprendendo o bê-á-bá das revelações dos mundos espirituais, de onde viemos e para onde voltaremos, o nosso mestre Jesus afirmou categórico: "Na casa de meu Pai há muitas moradas".

Deus poderia rir de nossa ingenuidade. Mas Ele tem senso de humor – e nos ama.

Deus, as leis divinas e nosso juiz – a consciência

Filhos, a estrada real para Deus chama-se Caridade.
José Horta *(Monsenhor José Silvério Horta, 1859/1933) / Chico Xavier*

MAIS DO QUE saber, hoje acreditamos que somos espíritos imortais, criados por Deus, preexistentes e sobreviventes à morte do corpo físico, em contínuo processo evolutivo e destinados à perfeição e felicidade futura.

Deus ainda é nosso melhor amigo e nos concede a cada dia uma nova oportunidade para escrevermos nossa história no livro que é de nossa vida e do qual somos o exclusivo escritor.

João, aquele que se ufanava em seu Evangelho de dizer que descansava no ombro de Jesus, afirma numa carta: "Deus é caridade; e quem está em caridade está em Deus e Deus está nele", I João 4:16.

Assim, não importa falar, ou bater no peito, que crê em Deus, falar da paz em Nosso Pai. É preciso mais, além de acreditar é necessário trabalhar pela fé e paz praticando o amor em nossas vidas.

Vamos fazer aqui uma comparação simples. Ainda bem que descobrimos a iluminação material através das lâmpadas; e estamos descobrindo a luz interior que nos leva à iluminação de nossa alma e nos tornamos fraternos.

Não desprezamos o aprendizado da beleza da natureza, de que quanto mais escura a noite, mais brilhantes a lua e as estrelas e mais delas podemos apreciar, cientes de que as estrelas, que são astros com luz e calor próprios, são mantidas íntegras pela gravidade, e constituem o elemento fundamental da formação do Universo. Que maravilha! Quanto me encanto com essa noção, tão óbvia!

Como almas em peregrinação nesse planeta maravilhoso, devemos enfrentar os aprendizados e dificuldades, como a noite espera pacientemente o raiar do sol de um novo dia, para nos sustentarmos e progredirmos. Lembrando que o nosso remédio da natureza é repousar, alimentar-se sobriamente, caminhar ao sol, e que o melhor dos esportes ainda continua sendo a prática do bem ao semelhante.

Assim, vamos aprendendo que estamos em construção de nossa individualidade, em busca de aperfeiçoamento, para estarmos mais conectados com o Poder Superior, seja pela dor ou pelo amor.

Com o espiritismo aprendemos que o Universo age por Leis Divinas, que são perfeitas, sábias e eternas, portanto não tem necessidade de derrogá-las. Deus as estabeleceu em Sua sabedoria infinita.

Creiamos e tenhamos a certeza de que Deus não fica intervindo, nem precisa vir pessoalmente salvar ninguém. Ele nos oferece as condições, permite que os próprios filhos se ajudem mutuamente e que cada um construa o próprio céu ou inferno em sua consciência.

Allan Kardec questionou os benfeitores: "Onde está inscrita a lei de Deus?". E eles simplesmente disseram: "Na consciência". (Q. 621 do *LE).*

Quando a noite chega e vamos descansar, não há bênção maior que a consciência tranquila e em paz por ter feito o melhor para si e para o próximo. Ainda aí é necessário parar e fazer essa reflexão: o que posso fazer melhor? Onde me equivoquei e devo me corrigir?

Deus, esse "danado"...

Deus nos concede, a cada dia,
uma página de vida nova no livro do tempo.
Aquilo que colocarmos nela, corre por nossa conta.
Chico Xavier

ESTRANHO, MUITO ESTRANHO quando não fazemos reflexão sobre os desígnios e sabedoria do Criador.

Deus, Pai segundo Jesus, Espírito que não dorme e não come, deve ter muito tempo para viajar, desfrutar das belezas de Suas sábias criações, não é verdade? Ele já deu de graça a Vida e o Livre-arbítrio, e disse: "Sigam agora".

Um amigo religioso me dizia: "Você não faz o bem arrumando coisas para essa mulher adicta [dependente de pinga e crack]; há pessoas carentes e dedicadas ao bem e ao trabalho que merecem mais".

Eu redargui: "Como merecem mais? Essa moça adicta teve sete filhos, não cuida deles, mas não abortou nenhum, levou na barriga, com todas as dificuldades, essa esperança de vida melhor para essas almas que renasceram".

Veja só: esse Deus "danado" faz as coisas acontecerem não do nosso modo, mas de acordo com Suas leis, que considero sábias e justas.

Veja só: em uma favela, uma menina de 15 anos em relacionamento com um menino de 16, sem trabalho, sem profissão, teve um bebê, lindinho, saudável, morando junto com a sogra num barraco com outros quatro irmãos.

Veja só: uma professora, casada há oito anos com um marido de boa profissão técnica, ambos trabalhando registrados, com casa, carro, fazem tratamento há vários anos e não conseguem engravidar. Agora o casal procurou ajuda para adotar.

Veja só: uma médica que tem vários gatos e um cachorro de estimação com quem passeia todos os dias e que dorme em sua cama, não quer filhos nem pensa em adotar ou mesmo se candidatar a tornar-se "família acolhedora" (aquela família que, depois de um treinamento, recebe temporariamente uma criança para cuidar dela até que a Justiça decida se esta volta para os pais, familiares e parentes, ou se vai para adoção).

Estamos caminhando e isso é muito importante, o

problema é parar no meio da caminhada ou se desviar do caminho do bem. Jesus trouxe o código divino para mais perto de nós para que compreendêssemos a bondade, a justiça e a misericórdia do Altíssimo.

Antes do Nazareno já havia a lição da reencarnação, ensinada de uma forma rude:

> [...] porque eu, o Senhor vosso Deus, sou Deus zeloso, que puno a iniquidade dos pais nos filhos, na terceira e na quarta gerações daqueles que me aborrecem, e uso de misericórdia até mil gerações daqueles que me amam e guardam os meus mandamentos.
>
> (Êxodo, 20:5 e 6).

O Cristo ensinou:

> Bem-aventurados os que sofrem e choram, porque serão consolados. Bem-aventurados os mansos e pacíficos, porque herdarão a Terra. Bem-aventurados os puros de coração, porque verão a Deus.

Vai chegar o dia em que entenderemos que esse Deus é maravilhoso de "danado" - quando tivermos o coração puro.

Ser e aparentar ser. O que vale para Deus.

MUITOS ACHAM QUE o que vale para Deus é o que temos, como a posição social, o rótulo de uma religião, o título acadêmico, os recursos financeiros, o poder administrativo ou político, as posses materiais, entre outros recursos.

Entretanto, os bons espíritos nos afirmam que vale mais o que somos, que o verdadeiro homem de bem e que se aproxima do Poder Superior é aquele que pratica a lei de justiça, de amor e fraternidade em sua maior santidade: exercitando a bondade, sendo caridoso, laborioso, sóbrio, modesto e virtuoso.

O ser humilde que gravita em torno da Divina Sabedoria muitas vezes é desconhecido pelo mundo, porém, reconhecido por Deus através das práticas de suas virtudes.

Sócrates, quando encarcerado, afirmou diante da condenação que lhe era imposta que mais vale receber que cometer uma injustiça, e que, antes de mais nada, é preciso aplicar-se não em parecer um homem de bem, mas em sê-lo.

Estamos distantes da perfeição, ainda, mas para alcançar essa meta é necessário continuar e não desistir, portanto, uma escolha e uma atitude positiva, por pequena que seja, pode não resolver todos os nossos problemas, mas agregará valor aos nossos esforços no trajeto da superação.

Você já ouviu que Jesus venceu no deserto e Adão fracassou no paraíso. Não é o lugar e sim as escolhas e as decisões que nos edificam.

O crescimento e/ou a espiritualização é individual, portanto a estrada é sua, e somente você poderá trilhá-la. Muitos podem e vão andar ao seu lado, mas ninguém pode andar por você.

Aqui algumas coisas que ninguém tira de você: sua capacidade de decisão, sua fé, sua serenidade, sua esperança, e sua vida.

As escolhas são suas e você pode colocar a sua felicidade no melhor lugar, no seu íntimo, que é sua essência. Confie que, se há paz em seu interior, haverá luz em seu caminho.

Com a proposta de sermos melhores a cada dia, podemos ir nos transformando naquilo que pensamos; apoiados na fé no Criador, as coisas vão se encaminhando. Não precisamos nos precipitar ou apressar o tempo, cada coisa vem em sua estação; o segredo é cultivar a serenidade, acalmando o coração e o espírito.

Convenhamos que leves serão nossos passos, se doces forem nossos pensamentos sintonizados no amor de Deus.

Saúde e espiritualidade

A reencarnação no tempo de Jesus

A reencarnação é o meio, a educação divina é o fim.

***Alexandre/André Luiz* (Chico Xavier), *Missionários da luz*, FEB**

JESUS E OS seus discípulos dirigiam-se para os povoados nas proximidades de Cesareia de Filipe. No caminho, ele lhes perguntou: "Quem o povo diz que eu sou?". Eles responderam: "Alguns dizem que és João Batista; outros, Elias; e, ainda outros, um dos profetas".

"E vocês?", perguntou ele. "Quem vocês dizem que eu sou?"

Pedro respondeu: "Tu és o Cristo".

Jesus os advertiu que não falassem a ninguém a seu respeito.

Nessa narrativa do apóstolo Marcos (8:27-30), para quem deseja vencer o preconceito e as tradições, temos algumas lições que nos interessam muito para nosso crescimento moral e espiritual. Jesus pergunta quem é ele, e os discípulos, que acreditavam na reencarnação, uma ideia corrente e ensinada pelo Mestre, dizem o que o povo pensava. E citam o profeta Elias, que tinha vivido mais de oito séculos antes, ou alguns dos profetas também anteriores; somente pela reencarnação ele poderia estar de volta.

E Pedro responde que ele era o enviado de Deus, quer dizer, que estava acima dos profetas. E para usar de um marketing inteligente, visto que não havia redes sociais naquela época a não ser o "boca a boca", recomenda não falar a ninguém a esse respeito. É aí que todo mundo comenta. Tanto é que os apóstolos registraram essa conversa.

Na vida vamos navegando como se estivéssemos num barco e em cada porto encontrássemos mais alguém. Podemos seguir juntos ou escolher novos portos. E em cada porto temos novos partos e a família vai aumentando.

O nosso destino é a primavera, pois todos desejamos ser felizes, e o determinismo Divino é pela nossa perfeição.

Uma lição que aprendi com a Bíblia foi a pluralidade de existências físicas do espírito. Este ensinamento vem, entre outras passagens, numa história que une o Velho ao Novo Testamento.

No Livro de Reis, Elias clama a Deus que Se manifeste, e o fogo surge diante dos sacerdotes de Baal. Elias então manda matar a fio de espada 450 sacerdotes.

O espírito do profeta retorna e, no Evangelho de Mateus, é chamado de João Batista, que condena o comportamento do rei Herodes com sua cunhada e é morto por decapitação.

E é Jesus quem afirma que João é Elias que voltou, mas não foi reconhecido. Dizia Shakespeare: "O que é que há, pois, num nome? Aquilo a que chamamos rosa, mesmo com outro nome, cheiraria igualmente bem".

Dentro de mim há quatro estações. Às vezes sou verão, decidido; às vezes sou inverno, meio calado; de outras vezes sou outono, em renovação; e o que eu mais gosto é de ser primavera, viver em alegria e fraternidade com meu próximo.

A vida se parece com um trem, que não para além das estações. Viajam comigo as lembranças e saudades de meus pais, meus irmãos, meus colaboradores, minha esposa, meus filhos e minha vida.

Contando com as experiências das estações dos anos que passaram em minha vida, chuvas e secas, frios e calores, não estou estacionado.

E na estação do tempo desta existência parece que chegou o outono, o tempo de me preparar para a viagem mais especial: o retorno para a vida espiritual, a verdadeira vida.

Interessante fato que se manifesta em minha vida adulta: não sei em que época me tornei eu. E por outro lado não sei se me tornei uma outra pessoa para os outros. Parece-me que minha esposa sempre esteve comigo e os filhos sempre existiram ao meu lado, assim como algumas pessoas que transitam pela minha vida. Alguns desses transeuntes eu gostaria de ter mais perto de minha família, alguns até como filhos e irmãos. E tudo se explica pela pluralidade de existências corporais.

A Terra é o palácio da justiça

NINGUÉM PODE DAR o que não tem. É necessário compreender essa verdade para aceitarmos as pessoas como elas são e como vivem. Não podemos exigir delas aquilo que ainda não têm, como conhecimento, sabedoria e amor.

Uma história emocionante é contada pelo médium mineiro Chico Xavier, quando ele esteve diante de provas difíceis: a morte de um irmão (1939), José Cândido Xavier, e depois a internação da cunhada num hospital psiquiátrico, com distúrbios mentais (1941). Para complicar ainda a situação, a doente tinha um segundo filho com excepcionalidade, que exigia carinho e atenção permanentemente.

Triste, deprimido, o mineiro Chico orava, questionava e também chorava: "Por quê? Por quê? Tudo isto agora?".

Eis que surge o seu espírito-guia, Emmanuel, que o interrogou sobre aquele momento de angústia que ele vivia.

Depois de cobrar humildade do seu discípulo, e de exigir que ele não se melindrasse por ter conseguido curar outras pessoas obsidiadas, mas não conseguir ajudar o irmão e a cunhada, pediu que tivesse fé, pois todos estamos amparados pela bondade divina.

E disse ainda que todos estamos, aqui na Terra, sujeitos às leis divinas, porque "a Terra é o Palácio da Justiça" e, quando chega seu funcionário, o oficial de justiça, com a sentença na mão para que seja cumprida, não podemos jogar fora ou rasgá-la – é necessário cumprir a sentença, para nossa saúde e bem-estar futuro.

Então o médium, mais sereno, disse ao seu benfeitor:

– Mas ela vai ficar curada?

E o mentor respondeu que sim. E Chico, ainda apressado, perguntou:

– Mas vai ser logo?

– Daqui a dois anos! – respondeu o espírito amigo.

– E o menino, que precisa de cuidados especiais?! Como vai ficar?

– O que você está fazendo aqui, que ainda não foi cuidar dele?

“Ninguém pode dar o que não tem. É necessário compreender essa verdade para aceitarmos as pessoas como elas são e como vivem. Não podemos exigir delas aquilo que ainda não têm, como conhecimento, sabedoria e amor.”

As chaves da felicidade – consciência tranquila e fé no futuro

O que se faz num dia é a
semente da felicidade para o dia seguinte.
Provérbio indiano

ACORDAMOS. QUE BÊNÇÃO poder desfrutar do ar, do sol, da água, do trabalho, das amizades e da família.

Atenção! Seja grato, mas não é apenas mais um dia. Muitos que têm recursos afortunados, inteligências privilegiadas, gostariam de vencer a doença ou a perda de um ente querido, entretanto, nada puderam contra a realidade da vida. Mais um dia é o privilégio de amanhecer, respirar, existir, viver, amar e agradecer pelas bênçãos recebidas.

Nosso destino está constantemente sob nosso controle, estamos em construção da perfeição e da felicidade. Nós escolhemos, abraçamos, colhemos, atraímos, buscamos, expulsamos, modificamos tudo aquilo que margeia nossa vida e interesses.

Nossos pensamentos e vontades são a chave de nossos atos. São as fontes de atração e repulsão na jornada da nossa vida física, aqui na Terra ou depois, na vida espiritual. Portanto, não reclamemos, nem nos façamos de vítima. Antes de mais nada, analisemos e observemos que a Terra gira e a população aumenta e não se encontra alguém com nossas características, somos únicos.

Aprendamos que a mudança está em nossas mãos. Aprendamos a viver dentro de nossas condições e possibilidades. Não deveríamos buscar uma vida de aparências, fora da nossa condição; isso poderá nos levar para um despenhadeiro sem volta.

Assim como as águas abundantes de uma cachoeira, que rolam dia e noite permanentemente, aumentando sua força depois da chuva, façamos com que nosso dia flua, reconhecendo nosso limite, com determinação e esperança em dias mais chuvosos de bênçãos.

Tenhamos confiança no Poder Superior e, se formos pedir algo, que seja pernas e braços fortes para nos mantermos em caminhada, lembrando a lição de tolerância da natureza - de que a água não se opõe aos obstáculos, mas busca contorná-los e seguir seu destino.

É natural que todos envelheçamos. Podemos e devemos, quando for o caso, mudar nossos pensamentos e sentimentos, entretanto, jamais devemos mudar nossa essência, fé e crença no bem e na fraternidade universal.

Há quem acredite numa única vida na Terra, e depois a vida no Além, mas tem uma incógnita nisso - uns acham que vão ressuscitar no próprio corpo e outros que serão julgados em espírito, sendo destinados para o céu ou para o inferno, crença essa nada consoladora.

Por outro lado, há quem acredite na reencarnação, onde a justiça divina e a misericórdia funcionam, dando oportunidades de se redimir pela pluralidade de existências corporais, sendo a vida única - a vida do espírito, que é perfectível. O céu e o inferno são um estado de alma que se carrega para onde for.

Todos temos o poder de nos desligar de algo que não nos faz bem. Todos podemos ter um novo recomeço. Porque o tempo não para e o corpo envelhece, mas o sonho amadurece - podemos realizar aqui ou depois na vida espiritual, conforme esclarece o professor Allan Kardec, na questão 921:

> O homem que está bem compenetrado de seu destino futuro vê a vida corporal como uma simples estação temporária. Para ele, é uma parada momentânea numa hospedaria precária. Consola-se facilmente de algumas contrariedades passageiras da viagem que deve conduzi-lo a uma posição tanto melhor quanto melhor ele tiver feito, com antecedência, seus preparativos. [8]

---

8 Allan Kardec - *O Livro dos Espíritos* - Editora EME.

Cristo: o sol moral do mundo, ele não envelheceu

Uma emoção especial sustenta no ar a mensagem do amor e da fraternidade entre as criaturas, com a aproximação do nascimento do Cristo.

É uma corrente de pensamentos e ações no campo do bem que se espalha no coração das pessoas e pelas cidades.

Nessa estação, as pessoas desejam e se permitem manifestar o que há de melhor em seu íntimo, e ocorre uma transformação da psicosfera material e espiritual em torno da Terra, e todos almejam ser mais felizes e fazer as pazes.

É necessário que o Cristo nasça em nós, na vivência de nosso dia a dia, como luz que fazemos nos passos de nossos irmãos, como mãos que amparam os caídos, palavras que confortam os tristes e desesperados, e alianças de bondade com aqueles que se desviaram do caminho do bem.

Na vida, todos devem honrar a si mesmos, à sua família e à nossa sociedade, e o maior sucesso ocorre com a aliança da determinação e da fé, que podem nos dar a consciência tranquila de termos feito o melhor para nós e para nosso próximo, que nada nos faça arrepender-nos amanhã de nossas ações.

A data do nascimento do Cristo na Terra é muito expressiva para uma parcela de nossa humanidade, mas seus ensinamentos fazem parte da regra da lei áurea de todos os povos: "Fazer ao outro aquilo que desejamos nos façam".

Ele não envelheceu na Terra e nem era preciso:

> Sem violência de qualquer natureza, altera os padrões da moda moral em que a Terra vivia há numerosos milênios. Contra o uso da condenação metódica, oferece a prática do perdão. À tradição de raça opõe o fundamento da fraternidade legítima.[9]

Porque nasce a paz cada vez que duas pessoas se perdoam – é Natal.

Porque nasce o amor cada vez que alguém auxilia uma outra pessoa – é Natal.

Porque nasce a alegria e a fé cada vez que uma pessoa abre um sorriso nos lábios e olha com os olhos do coração para seu semelhante – é Natal.

---

9 Emmanuel (Chico Xavier) – *Pensamento e vida* – FEB

As dicas do Natal são drágeas de saúde para nossas vidas.

Para os semelhantes estima, fraternidade e solidariedade.

Para os inimigos, o perdão, e a prática do bem sem revide.

Para os amigos, a disposição, a confiança e o ombro amigo.

Para os filhos, o exemplo, o único modelo que edifica o caráter.

Para os pais, o respeito, com o retorno do bem por tudo que nos fizeram.

Para o país, o cumprimento do dever e a honestidade no agir.

Para o Criador, a proteção do nosso meio ambiente, a vivência de suas leis e a gratidão pela vida e pelo nosso livre-arbítrio.

Natal não pode ser por um dia, e sim por todos os dias de nossas vidas, quando deixamos a mensagem do Cristo iluminar nossos caminhos, nosso coração e nossa mente.

Muitas pessoas dizem que o dia mais importante de nosso mundo foi quando se encerrou a Segunda Guerra Mundial; outros, quando o homem aportou na lua; outros ainda esperam pela descoberta da cura para a aids, câncer e a dependência química, e que esse dia poderá ser o mais importante para a humanidade. Entretanto, um homem simples, desapegado do poder e das riquezas, fez a diferença em nossas vidas, ele é nosso Mestre e irmão maior, é a figura mais importante de todas que chegaram até aqui: Jesus de Nazaré.

O Natal é para lembrarmo-nos do Cristo que deve fazer morada em nossas mentes e em nossos corações. E a data somente será completa se entendermos que existem dois nascimentos do Mestre, um que aconteceu na singela manjedoura, e este que deve acontecer, permanentemente, no dia a dia em nosso coração acolhedor e generoso com Jesus.

Sabiamente Jesus não nos impôs uma meta, ou exigiu coisas difíceis de se realizar, ainda junto aos seus discípulos, resumindo as leis divinas, disse que um novo ensinamento nos deixava: "Que nos amássemos uns aos outros, como ele nos amou".

> Eis por que a doutrina espírita nos reconduz ao Evangelho em sua primitiva simplicidade, porquanto somente assim compreenderemos, ante a imensa evolução científica do homem terrestre, que o Cristo é o Sol Moral do mundo, a brilhar hoje, como brilhava ontem, para brilhar mais intensamente amanhã.[10]

---

10 Emmanuel (Chico Xavier) – *Religião dos espíritos* - FEB

“

É necessário que o Cristo nasça em nós, na vivência de nosso dia a dia, como luz que fazemos nos passos de nossos irmãos, como mãos que amparam os caídos, palavras que confortam os tristes e desesperados, e alianças de bondade com aqueles que se desviaram do caminho do bem.

”

Duas bênçãos de Deus em nossas vidas

CREIO MUITO QUE recebemos por graça de Deus duas bênçãos.

A primeira é a bênção da *vida*. Desde que criados por Deus em Sua infinita doação de vida, viveremos para sempre, quer dizer, somos imortais e vamos crescendo a cada dia. Portanto, morte é vida. Assim, o suicídio também não é morte, pois haverá continuidade, e não interrupção - ninguém morre, apenas muda de dimensão. Porém, o suicídio tem suas graves consequências.

A segunda graça é o *livre-arbítrio* que recebemos do Pai celestial. Somos livres para fazer nossas escolhas e responsáveis por esses caminhos, tornando-nos escravos do destino que construímos.

Somos os arquitetos da nossa vida, do presente e do futuro. Hoje, colhemos o que plantamos ontem, e no futuro teremos o resultado do que semeamos hoje. Portanto, a vida é sempre o fruto de nossa própria escolha.

Aqui na Terra estamos escrevendo um novo livro. Contamos novamente com o instrumento do livre-arbítrio, e o preenchemos com nossa liberdade e (ir)responsabilidade.

Naquele momento dramático da vida de Jesus, quando era preso pelos soldados de Herodes e dos sacerdotes do templo judaico, ele se manteve em serenidade e em equilíbrio, dizendo para o apóstolo pescador: "Pedro, embainha tua espada, porque quem com a espada fere, com a espada será ferido".

Quer dizer: você tem a liberdade, mas ela tem suas consequências. Você escolhe e torna-se cativo de suas escolhas todos os dias.

Estamos aprendendo com os bons espíritos o uso da liberdade, e se realmente amamos aqueles que compartilham conosco a estrada, auxiliemo-los a serem livres para encontrarem a si mesmos, da mesma forma que desejamos a independência própria para agir e sermos nós mesmos, em qualquer lugar.

Outra recomendação da espiritualidade para nosso bem-estar é que respeitemos os adultos em suas escolhas, porque eles são responsáveis e devem ser livres nas próprias ações, tanto quanto desejamos ser livres em nossas ideias e realizações.

Se queremos ser felizes, concedamos a liberdade

para os outros; motivo de infelicidade é querer controlar a vida alheia, e sabiamente o filósofo e escritor francês Montesquieu disse: "A liberdade é um bem tão apreciado que cada qual quer ser dono até da alheia".

A vida é feita de escolhas, somos sempre livres para decidir o que é melhor para nós – a riqueza da consciência tranquila ou o amargor da atitude impensada. Assim, todo homem nasceu livre e, por toda parte, encontra-se acorrentado às suas ações.

Para finalizar, dois pensamentos de grande significação sobre o livre-arbítrio. Mahatma Gandhi disse certa vez:

> A prisão não são as grades, e a liberdade não é a rua; existem homens presos na rua e livres na prisão. É uma questão de consciência.

E o músico inglês John Lennon poetizou dessa forma:

> Amo a liberdade, por isso deixo as coisas que amo livres. Se elas voltarem é porque as conquistei. Se não voltarem, é porque nunca as possuí".

Espíritas e a ideação suicida

NOSSO PAÍS SE encontra entre os quinze do mundo com maior taxa de pessoas diagnosticadas com depressão; nas estatísticas de suicídio, estamos entre os dez países que registraram elevados números, sendo o suicídio a terceira causa de morte no Brasil.

Estudos de especialistas afirmam que as três principais causas de morte entre os jovens nas Américas são evitáveis. Os homicídios são os "principais assassinos", sendo responsáveis por 24% de toda a mortalidade, seguidos pelas mortes no trânsito (20%) e pelo suicídio (7%).

Suicídio é o ato intencional de matar a si mesmo. Sua causa mais comum é um transtorno mental e/ou psicológico que pode incluir depressão, transtorno bipolar, esquizofrenia, alcoolismo e abuso de drogas. Dificuldades financeiras e/ou emocionais também desempenham um fator significativo. O suicídio vem sendo tratado como um problema de saúde mental e saúde pública.

Três atuais líderes espíritas declararam que, em certos momentos de suas vidas, alimentaram a ideação suicida, e que estes pensamentos os levaram a flertar com essa realização trágica. Partilharam essa situação em palestras públicas disponíveis na internet.

O mais antigo e conhecido é o orador e médium com mais de 200 livros psicografados Divaldo Pereira Franco; quando jovem, depois de perder o emprego, conta ter subido no Edifício Lacerda, em Salvador, com a ideia fixa de se jogar do prédio. A alma de sua irmã, que já cometera suicídio, apareceu para ele e interveio em seu favor, desestimulando-o da ideia obsessiva.

Outro personagem é uma professora universitária, com diversos cursos superiores, Anete Guimarães, que declara que tentou o suicídio quando tinha apenas onze anos de idade. Ela não descreve de que forma seria e nem o motivo. Em seus pronunciamentos, aconselha que não se deve divulgar essas maneiras, porque isso estimula outras pessoas a agirem da mesma forma.

O mais jovem é um psicólogo e escritor Rossandro Klinjey, nascido em Campina Grande, Paraíba; ele confessou em uma palestra que, quando ainda jovem, após sair da casa da mãe, encontrando muitas dificuldades e sem sucesso em seu intento de viver independente, ficou imaginando por diversas vezes como atentar contra a própria vida, se jogando da sacada de seu apartamento, no quarto andar. Felizmente, a consciência do conhecimento da vida espiritual – consciência de que ninguém morre –, e a lembrança dos conselhos maternais ("aconteça o que for, volte para casa e, por favor, vivo") lhe deu a coragem de voltar e pedir ajuda à mãe.

Consideramos o suicídio um ato extremo. Todos temos dificuldades, problemas, angústias, mas a autodestruição é uma porta falsa que se apresenta como solução definitiva para um problema/dificuldade temporários. Tudo se resolve com o tempo.

Estejamos atentos conosco mesmos, todos estamos sujeitos às fases depressivas; em qualquer sinalização de mudanças bruscas nos familiares e colegas íntimos, ou do trabalho, vale sugerir que busquem ajuda. Existem profissionais, em diversas áreas, capacitados para auxiliar a superar o momento tormentoso. O CVV, com o telefone 188, é um recurso gratuito disponível em todo território nacional, com atendentes treinados para ouvir as pessoas.

Jovens demais para morrer

SIM, A MORTE de jovens não é aceita por pais, família, amigos e pela sociedade, pois o sonho dos pais é envelhecer para depois se despedir dos filhos, esperando fazer essa viagem antes deles.

Em julho/2018 na cidade de Capivari, tivemos duas mortes de jovens, rapazes com menos de 30 anos em acidente de moto.

A pergunta que não cala nessas situações é: por quê? Jovens saudáveis e em plena força de trabalho e de relacionamento vão embora da Terra, enquanto outros, velhos e enfermos, permanecem por muito tempo sem condições de saúde?

A resposta é bem simples. Porque morte não existe, o que existe é apenas vida. Aqueles que amamos não partem para longe de nós, apenas deixam a veste física do corpo, mas permanecem na dimensão da vida espiritual, estação de onde todos nós viemos um dia.

Serenidade, confiança e esperança – eis a recomendação sábia de Jesus. Nosso pensamento de fé pode ser um alento para aqueles que se foram. Nossas dores e revoltas só podem causar mais sofrimentos onde se encontram em recuperação.

É que eles tomaram o trem antes de nós, mas dia chegará que partiremos também e o reencontro será muito feliz. Que nos comportemos bem e de forma sábia nessa preparação da nossa "mala" de viagem para o Além, com ética, religiosidade e boas ações.

Mas você sabia que o Brasil mata 82 jovens por dia? É uma guerra silenciosa onde 4 jovens são assassinados por hora.

Segundo a base brasileira da Anistia Internacional, em seus últimos levantamentos, 56 mil pessoas foram assassinadas em solo brasileiro em 2012, sendo 30 mil jovens, entre eles, 77% negros. Esses índices são resultado de uma política de criminalização da pobreza, e da indiferença da sociedade em relação a esse "genocídio silencioso" que muitas vezes fica impune, de acordo com o diretor Átila Roque.

No mundo, o suicídio acomete mais de 800 mil pessoas, segundo a Organização Mundial da Saúde (OMS). É a segunda causa de morte no planeta entre jovens de 15 a 29 anos – a primeira é a violência. Já no Brasil, em 2015, o suicídio foi a quarta causa de morte nessa mesma faixa etária, ficando atrás de violência e acidente de trânsito, de acordo com os dados do Ministério da Saúde.

Nossa sociedade não está preparada e educada para a morte e nem para preservar a vida de nossos jovens. As desigualdades sociais são gritantes e as oportunidades de educação, trabalho, moradia e saúde são flagrantes. A educação, o respeito à dignidade humana e a valorização do ser precisam ser urgentemente despertados nos corações brasileiros. Se as pessoas estão doentes, sua sociedade será também doente.

É necessário tratar o problema em sua raiz, em sua causa. Precisamos de pessoas mais fraternas, sábias, competentes e éticas.

Infelizmente, as notícias e provas que vemos hoje sobre muitas pessoas que estão na direção do Brasil não atestam que sejam pessoas honestas e de bem, mas interesseiras, egoístas e orgulhosas, tanto no campo político como no setor público e privado.

Mas, tudo tem um começo e um fim, eles ainda não despertaram a consciência para o amor e a justiça.

Para aqueles que fazem o bem, o retorno desse bem que fizeram; para os que fazem o mal ou se locupletam com o bem alheio, também o retorno do que fizeram. É da Lei, "a cada um segundo suas obras" e "é dando que se recebe".

Não chore, mamãe. Estou bem, não vou voar mais e o meu brevê já virou cinzas.

Quem venceu o medo da morte venceu todos os outros medos.

Mahatma Gandhi

UM DIA NÓS vamos morrer, é certo, todos têm um selo de validade...

Enquanto isso não acontece, todos os outros dias, não – já dizia o cartunista do Snoopy, Charles Schulz. Viveremos e então temos que aproveitar esse tempo disponível.

São muitos os temores que povoam o pensamento humano. Somos os únicos seres que têm consciência da vida e da morte, a qual a maioria não entende e tem suas dúvidas e dilemas.

Dados da Organização Mundial da Saúde (OMS): o Brasil é o país com a maior taxa de pessoas com transtornos de ansiedade no mundo. Seu último relatório divulgado apontou que 9,3% dos brasileiros têm algum tipo de transtorno de ansiedade ou depressão.

Eu, particularmente, e muita gente confunde medo com ansiedade. O que sabemos é que as diferenças entre um e outro são muito sutis e servem para nos proteger.

O medo é singular, o que preocupa um pode ser indiferente ao outro. Por exemplo, com medo que o filho se acidentasse o pai nos dizia: "A música que eu mais gosto agora é a do portão eletrônico, pois quando ele é acionado sei que meu filho voltou e posso dormir sossegado". Enquanto isso sua esposa dorme a "sono solto". O medo pode ser entendido como sentimento de insegurança em relação a uma pessoa, uma situação ou um objeto.

Por outro lado, a desestrutura emocional número um dos brasileiros, a ansiedade, está ligada ao futuro e é caracterizada como um sentimento de tensão e apreensão diante de uma situação que vai acontecer e pode nem acontecer. Queremos resolver os problemas ou ser felizes? Usemos a técnica antiga. O problema tem solução? Durma tranquilo. Não tem solução? Vire-se de lado e durma. O medo ou ansiedade só vai nos fazer mal.

Em relação à ansiedade, os estudos da Associação Americana de Psiquiatria destacam que a inquietação pode durar mais de seis meses e atrapalhar a rotina diária, relacionamentos, trabalho e ainda levar à depressão.

O espírito Antônio Carlos Escobar, jovem aviador, escrevendo pela mediunidade de Chico Xavier, voltou para pedir aos parentes que não temam e nem vivam ansiosos por sua partida para a vida espiritual.

> Querida mãezinha, querida vovó Armanda, querida tia Isabel. Venho pedir a Deus que nos abençoe e pedir-lhes para não chorarem tanto. Estou aqui com o meu avô Primitivo Aymoré e com a minha avó Isabel Rôa Escobar, mas estou muito preso às lágrimas de casa.
>
> Querida tia Isabel, se puder, não deixe a vovó chorar tanto, nem a minha mãezinha Gilda continuar tão aflita por minha causa. Estou vivo, mas preciso desembaraçar-me das prisões de casa para conseguir melhorar. O meu avô Primitivo me diz que preciso fazer este pedido para que a minha situação consiga melhorar.
>
> Às vezes, me reconheço nas ruas de Ponta Porã ou de Pedro Juan Caballero, perguntando por quê... Mas, isso resulta de quando me contemplam os retratos, chorando muito e chamando-me. Não culpem ninguém, porque eu tinha tido a obrigação de vir mais cedo para cá. As leis de Deus funcionam sobre as nossas cabeças, e não havia como fugir a elas.
>
> Rogo-lhes conformação, à mãe e à vó Armanda. Estive com vovô Ayala, que me deu excelentes conselhos. Agora, peço-lhes para descansarem para que eu descanse. Os que chegam aqui, veem tudo quanto se passa aí, e espero que me auxiliem.[11]

---

11 *Claramente vivos*, Chico Xavier, Editora IDE.

Chico Xavier, Todo Dia e Pão Nosso

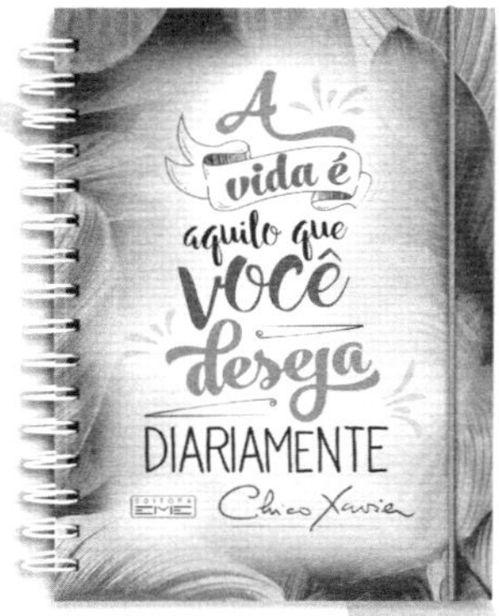

Essas agendas têm sido sucesso nos últimos dez anos no mercado editorial espírita brasileiro.

Conteúdo espírita, mensagens e frases que elevam os leitores em seu dia a dia, com espaço para utilização de recados, reuniões, compromissos diários, mensais e anuais.

Importante que vocês saibam que para clubes do livro, centros, federações e uses, ou empresas e autônomos fazemos edição especial, com capa própria e informações particulares no início ou dentro das mesmas.

Você pode consultar sem custos. Uma excelente forma de presentear e também arrecadar fundos para manutenção da instituição espírita.

VOCÊ PRECISA CONHECER ESSAS OBRAS

O chanceler de ferro do Antigo Egito

Vera Kryzhanovskaia - Rochester (espírito)

16x22,5 cm · 368 páginas

José, filho do patriarca Jacob, é vendido como escravo por seus próprios irmãos. No antigo Egito, graças à sua mediunidade, ele interpreta o sonho do Faraó sobre os anos futuros de fortuna e escassez. Com isso, José é alçado ao posto de vice-rei do Alto e Baixo Egito, impondo sua vontade sobre vivos e mortos.

Pensamento, força da alma

Donizete Pinheiro

15,5x22,5 cm · 256 páginas

Sempre analisados à luz da doutrina espírita, e fartamente embasados nos livros da codificação e em outros importantes personagens dentro do espiritismo, os diversos tópicos aqui tratados mostram-se de grande importância para o entendimento dessa força da alma – o pensamento.

Arigó e suas incríveis curas

Juliano P. Fagundes

14x21 cm · 192 páginas

Para homenagear um dos maiores médiuns de efeitos físicos do Brasil, Juliano P. Fagundes se baseou nos relatos de pesquisadores estrangeiros para escrever este estudo profundo sobre o homem simples e sem muita instrução que diagnosticava, operava e curava em apenas 60 segundos.

Não encontrando os livros da **EME** na livraria de sua preferência,
solicite o endereço de nosso distribuidor mais próximo de você:
Fones: (19) 3491-7000 / 3491-5449
(claro) 9 9317-2800 (vivo) 9 9983-2575
E-mail: vendas@editoraeme.com.br – Site: www.editoraeme.com.br

/editoraeme **@editoraeme** **@EditoraEme** **editoraemeoficial**